Tout doit disparaître

J'aurais aimé avoir le sens de la répartie. Dire ce qu'il faut sans hésiter, trouver les mots sans bafouiller, au moment précis où j'en ai besoin. Clouer le bec à mon interlocuteur, lui fermer sa gueule, calmement, pertinemment, spirituellement.

5 *Il y a des gens qui font ça très bien. Moi pas.*

Je rougis, je m'énerve et je boude. Dix minutes plus tard, une heure ou même le lendemain, la réplique qui tue me vient soudain comme une évidence. Toujours trop tard, quand il ne me reste plus qu'à me traiter de gros abruti, de nul, de tache, de

10 *bouffon. Quand il ne me reste plus qu'à me rejouer la scène, à me rêver audacieux et fort, à réécrire les dialogues en me donnant le beau rôle. Quand il ne me reste plus que des regrets.*

L'eau du bain est si chaude que c'en est presque insupportable. Délicieusement insupportable. Comme quand j'étais petit.

15 *Ça faisait un bail. J'ai pris l'habitude des douches, sous les tropiques. C'était mon luxe, là-bas, tellement j'avais trop chaud tout le temps. J'en prenais au moins cinq par jour, même si c'était pire après et que je me retrouvais en sueur à peine l'eau coupée.*

20 *Ici, en métropole je veux dire, quand j'étais gosse, je me faisais couler un bain chaque dimanche matin, dans lequel je restais jusqu'à temps que ma peau soit fripée comme celle d'une pomme oubliée au fond d'une cagette. Je m'y racontais des histoires, je transformais la mousse en icebergs, mes genoux en*

---

1 **avoir le sens de la répartie** savoir toujours quoi répondre – 2 **hésiter** ne pas être sûr de ce qu'on doit faire ou dire – 2 **bafouiller** stammeln – 3 **clouer le bec à qn** faire que qn ne trouve plus rien à répondre à ce qu'on vient de dire – 3 **un interlocuteur** la personne à qui l'on parle – 3 **fermer la gueule de qn** *vulg* clouer le bec à qn – 4 **pertinemment** treffend – 4 **spirituellement** *ici* : avec humour – 6 **bouder** montrer qu'on est pas content en ne disant rien – 7 **une réplique qui tue** *fam* une réponse à laquelle on ne peut rien trouver à redire – 8 **soudain** tout à coup – 8 **une évidence** qc qui est vraiment facile à voir ou à trouver – 9 **traiter qn d'abruti** (**un abruti** *fam* un idiot) *ici* : insulter qn – 9 **une tache** *ici* : *fam* ; *péj* un abruti – 10 **un bouffon** Narr – 11 **audacieux** qui a du courage – 13 **insupportable** unerträglich – 14 **délicieusement** qui est bon, agréable – 15 **ça faisait un bail** *fam* c'était il y a longtemps – 18 **être en sueur** schweißnass sein – 18 **à peine** *ici* : tout de suite après – 20 **un gosse** *fam* un enfant – 22 **fripé** zerknittert – 23 **une cagette** une petite caisse (Kiste) en bois dans laquelle on met des fruits ou des légumes – 24 **la mousse** *ici* : Schaum – 24 **le genou** Knie

îles volcaniques, mon sexe en monstre du Loch Ness pointant son nez de temps en temps à la surface de l'eau. J'y faisais aussi des concours d'apnée, tête en arrière, nez pincé entre le pouce et l'index. Je me demandais toujours s'il était possible de mourir
5 *ainsi, de se noyer dans son bain juste par la volonté de garder la tête sous l'eau.*

Comme à cette époque, ce matin, je suis presque complètement immergé, à l'exception de mes pieds que je suis obligé de poser contre les carreaux froids du mur car mes jambes sont
10 *maintenant beaucoup trop longues pour que je tienne en entier dans la baignoire. Ça n'a pas que des désavantages : quand l'eau commence à refroidir, je peux manier le robinet avec mes orteils pour faire couler du chaud.*

De mon visage, il ne reste que le nez et les yeux à l'air libre.
15 *Ma respiration résonne à l'intérieur de moi telle celle d'un astronaute en sortie dans le vide sidéral. J'entends aussi mon cœur qui bat et je me dis que le monde devait se résumer à ça quand j'étais dans le ventre de ma mère : les bruits extérieurs à la fois lointains et précis et, plus proche, la percussion régulière*
20 *d'un cœur. Trois fois rien. La vie.*

Ça faisait longtemps que je n'avais pas pris le temps de laisser mes idées partir ainsi à la dérive. C'est dingue la vitesse à laquelle fonctionne le cerveau, le nombre de pensées qui se superposent, d'images qui se télescopent, passées ou présentes.
25 *Aucun film n'est capable de retranscrire ça. Aucun livre. Là, à l'instant, en même temps que je formule cette idée, je vois*

---

3 **l'apnée** *f* sport nautique où l'on arrête de respirer le plus longtemps possible –
3 **pincé** *ici :* bloqué, fermé – 3 **le pouce** Daumen – 5 **ainsi** *ici :* comme ça – 5 **la volonté**
ici : le courage et l'envie – 8 **immergé** sous l'eau – 8 **à l'exception de** sauf – 9 **un carreau**
ici : Fliese – 11 **une baignoire** Badewanne – 12 **manier** *ici :* tourner – 12 **un robinet** sert
à faire couler ou arrêter l'eau – 12 **un orteil** un pied en a cinq – 15 **résonner** *ici :* se
faire entendre, faire du bruit – 15 **tel** comme, identique à – 18 **extérieur** ≠ intérieur –
19 **lointain** → loin – 19 **une percussion** un choc – 22 **à la dérive** qui n'a pas de but, pas
d'objectif – 22 **la vitesse** Geschwindigkeit – 23 **le cerveau** Gehirn – 24 **se superposer**
se poser les uns sur les autres – 24 **se télescoper** se rentrer l'un dans l'autre de façon
brutale – 25 **retranscrire** recopier – 26 **à l'instant** à ce moment – 26 **formuler** *ici :*
exprimer avec des mots

mentalement des images de Mayotte, des sensations de mon
enfance me chatouillent, les événements de ces dernières
semaines défilent et la phrase que j'aurais dû répondre ce matin
à mon père vient se percher sur le bout de ma langue comme à
5 *l'extrémité d'un plongeoir.*

Car je sens que je vais bientôt me rejouer la scène du petit dej
façon Hollywood, troquant mon vocabulaire anémique, ma voix
flottante et ma peau grasse et boutonneuse contre l'assurance
insolente d'un Will Smith. Trop tard, une fois de plus, je vais
10 *trouver les mots que j'aurais dû répliquer à mon père quand, à*
bout d'arguments, il m'a lancé :

– Mais alors, qu'est-ce que tu vas devenir, Hugo ? Qu'est-ce
qu'on va faire de toi ? Dis-moi, je t'écoute ! Qu'est-ce que tu veux
faire dans ta vie ?

15 *Ça n'a l'air de rien, dis comme ça, mais il faut imaginer ces*
phrases prononcées de cette voix que seuls les parents sont
capables de prendre, mélange d'inquiétude, d'exaspération,
de défi, de mépris, de déception et d'amour. Un cocktail
parfaitement indigeste. Ces mots et la tonalité avec laquelle ils
20 *ont été prononcés sont censés me montrer combien mon père*
est cool et à l'écoute, tout en me suggérant que je suis un ingrat
mais qu'un jour, quand je serai grand, je comprendrais combien
je suis dans l'erreur. Cette question qui n'appelle aucune réponse
m'a laissé un sale arrière-goût de culpabilité, de doute, de colère
25 *et de frustration.*

---

2 **l'enfance** *f* la période où l'on est enfant – 2 **chatouiller** kitzeln – 3 **défiler** *ici :* passer
les uns après les autres dans la tête – 4 **se percher** *ici :* s'installer, se mettre – 4 **le bout**
ici : Spitze – 5 **une extrémité** un bout – 5 **un plongeoir** → plonger – 6 **un petit dej** *fam*
Abk un petit déjeuner – 7 **troquer** faire un échange – 7 **la voix flottante** la voix des
jeunes garçons qui deviennent des hommes – 8 **gras** ≠ sec – 8 **boutonneux** *ici :* qui a de
l'acné – 8 **l'assurance** *f* le fait (Tatsache) d'être sûr de soi – 9 **insolent** ≠ avec respect –
11 **lancer** *ici :* dire – 16 **prononcer** dire – 17 **l'inquiétude** *f* → inquiet – 17 **l'exaspération**
f l'énervement *m* – 18 **un défi** une provocation – 18 **le mépris** ≠ le respect – 18 **une**
déception ≠ une satisfaction – 19 **indigeste** *ici :* qu'on n'arrive pas à accepter – 19 **une**
tonalité *ici :* un ton – 20 **être censé** ce qu'on devrait faire, mais ce qu'on ne fait pas –
21 **suggérer** *ici :* faire comprendre qc à qn sans lui dire – 21 **un ingrat** qui ne donne
rien ou ne dit pas merci pour le bien qu'on lui fait – 23 **être dans l'erreur** ≠ être dans le
vrai – 24 **la culpabilité** le fait de sentir qu'on a fait qc de mal

Qui pourrait répondre à ça ? Personne, à part Will Smith, parce qu'il a une armée de scénaristes qui lui écrivent ses répliques. Le sens de la répartie, finalement, ça ne doit exister qu'au cinéma. C'est comme les héros qui sortent d'une bagarre
5 *ou du lit impeccablement coiffés. Ça n'existe pas dans la vraie vie.*

Dans la vie, on est toujours déçu par soi-même. Comme moi dans mon bain, là, maintenant, sur le point de trouver deux heures trop tard quoi répondre à mon père, qui suis en train de
10 *me repasser le film de ces cinq dernières années.*

---

2 **un scénariste** une personne qui écrit le script d'un film – 5 **impeccablement** de façon parfaite – 5 **coiffé** frisiert – 10 **se repasser qc** *ici :* se rappeler qc

I

Le bout du monde

1

Sur place, j'ai détesté Mayotte. Surtout, je n'ai rien compris à cette île. Et il a fallu que je la quitte pour me rendre compte combien elle m'avait changé. En bien, je crois, même si tout le monde, ou presque, pense le contraire.

5 J'étais en CM2 quand mes parents m'ont annoncé qu'on allait s'installer là-bas pour deux ou quatre ans.

Je me souviens qu'ils nous ont montré, à moi et à Lydie, ma petite sœur, où c'était sur le globe terrestre lumineux qui nous avait toujours servi de veilleuse la nuit : un point, minuscule, 10 entre Madagascar et l'Afrique. C'est sur Internet que j'ai trouvé quelques informations supplémentaires : Mayotte, Collectivité Départementale Française d'un peu plus de 160 000 habitants, d'une surface de 374 km^2 composée de deux îles, Petite Terre et Grande Terre, entourées du plus grand lagon du monde. Sur 15 les rares sites que j'ai trouvés, il n'y avait que des photos de palmiers et de baobabs, de plages au sable marron foncé, de fleurs exotiques, de centaines de sortes de poissons de toutes les couleurs et de tortues de mer. Un paradis sur Terre. Rien à voir avec ce que j'ai trouvé sept mois plus tard en débarquant à 20 l'aéroport de Pamandzi après quatorze heures de vol.

---

8 **un globe terrestre** globe sur lequel sont dessinés les pays du monde – 8 **lumineux** *ici :* qui fait de la lumière – 9 **une veilleuse** une lampe qu'on laisse fonctionner la nuit pour que les enfants n'aient pas peur du noir – 9 **minuscule** très petit – 11 **supplémentaire** en plus – 11 **une collectivité départementale** *Mayotte est une île de l'océan indien, détachée des Comores en 1976. Depuis mars 2011, Mayotte est un département français : il y a un conseil général, mais aussi un conseil territorial, gérant les missions dévolues à la fois aux régions et celles transférées par l'État comme l'organisation de l'administration judiciaire spécifique.* – 14 **entouré** umgeben – 16 **foncé** ≠ clair – 17 **une centaine** environ cent – 18 **une tortue** Schildkröte – 19 **débarquer** *ici :* descendre d'un avion ou d'un bateau après un voyage

Quatorze, sans compter les huit d'attente à Roissy à cause d'un problème technique ni l'heure d'escale improvisée au Caire dont, par les hublots de l'avion, je n'ai perçu au loin qu'un velum de pollution vibrant de chaleur.

5 Il n'y a pas de vols directs pour Mayotte, et nous sommes passés par la Réunion. De cette île, que j'apprendrai à bien connaître les quatre années suivantes pendant plusieurs vacances scolaires, j'ai à peine eu, ce jour-là, l'occasion d'effleurer le climat. Nous avons quitté l'avion par un sas
10 menant directement à l'aéroport et, bien qu'ayant survolé des mers et des continents, nous n'avions pas respiré d'autre air en arrivant à notre destination finale que celui, climatisé, qui relie les aéroports du monde entier.

Le choc a été rude quand, de nuit, nous avons posé les
15 pieds sur le tarmac de Pamandzi. C'était comme rentrer brusquement dans un sauna à ciel ouvert, saisi en même temps par une chaleur qui donnait l'impression de vous plaquer au sol et une humidité qui, montant de l'asphalte, vous prenait à la gorge.

20 La nuit était profonde et je n'ai rien pu voir des alentours de l'aéroport. J'étais, nous étions abrutis par ce voyage interminable. Lydie avait huit ans, à l'époque, et je lui donnais la main tandis que, avec mes parents, nous suivions la file des voyageurs guidés par des employés de l'aéroport équipés de
25 torches électriques qui balisaient le chemin jusqu'aux guichets de la douane. Des voix appelaient et j'ai vu des familles

2 **une escale improvisée** un arrêt qui n'était pas au programme – 3 **un °hublot** la fenêtre *(d'un avion ou d'un bateau)* – 3 **percevoir** → voir – 4 **un velum** Zeltdach – 4 **la chaleur** → chaud – 9 **effleurer** *ici :* sentir – 10 **survoler** passer au-dessus de qc en avion – 12 **final** → fin – 12 **relier** *ici :* qui est le même partout – 14 **rude** dur, brutal – 15 **le tarmac** Rollfeld – 16 **brusquement** tout à coup – 16 **saisi** pris – 17 **plaquer au sol** auf den Boden drücken – 18 **une humidité** (Luft)Feuchtigkeit – 20 **profond** *ici :* absolument sans lumière – 20 **les alentours** *mpl* Umgebung – 22 **interminable** qui est très long – 23 **tandis que** pendant que – 24 **un employé** une personne qui travaille pour une société ou une autre personne – 24 **équipé** qui a du matériel – 25 **une torche électrique** une lampe de poche – 25 **baliser** befeuern – 25 **un guichet** Schalter – 26 **la douane** la police des frontières

massées derrière les grillages qui faisaient signe aux arrivants. Un frère, un cousin, un collègue ou des voisins, principalement des Mahorais, les habitants originaires de l'île. C'était la fin des vacances scolaires et l'avion était plein : des familles
5 entières, avec vieillards et enfants, mais aussi de nombreux fonctionnaires de la métropole, des *expats*, pour expatriés. Ou des *wazungu*, comme les Mahorais appellent les blancs, ce que j'étais devenu, un *m'zoungou* au singulier, pour quatre années, en sortant de l'avion.

10 C'était étrange d'être mêlé à cette foule bruyante qui piétinait pour se présenter au contrôle des passeports. Débarquant après des heures d'avion dans un pays chaud, j'avais l'impression d'arriver en vacances alors qu'au contraire, nous étions à quelques jours de la rentrée scolaire. Mon monde
15 s'était inversé, ma vie avait basculé.

De l'heure suivante, je n'ai gardé qu'une impression d'urgence. Un sentiment qui pourrait d'ailleurs s'appliquer à tout ce que j'ai retenu de ces années de vie à Mayotte : une île bruyante où tout va vite.

20 Je serais incapable de « raconter » Mayotte, d'en faire le portrait ni même de dire ce que j'en pense. Je n'en ai ramené qu'une multitude d'impressions, d'images en désordre, de sensations souvent contradictoires, d'anecdotes que j'ai le plus grand mal à relier les unes aux autres. Là-bas, je n'ai été que
25 de passage, un *m'zoungou* trop encombré de lui-même, de son passé, de ses habitudes, de ses préjugés et de ses certitudes pour pouvoir saisir le présent furtif de cette île. Un présent où

---

1 **massé** en groupes – 1 **un grillage** Drahtgitter – 1 **un arrivant** une personne qui vient d'arriver – 3 **originaire** qui est né – 5 **un vieillard** une personne très vieille – 5 **de nombreux...** beaucoup de... – 6 **un fonctionnaire** une personne qui travaille pour le gouvernement d'un pays – 6 **un expatrié** une personne qui ne vit pas dans son pays d'origine – 10 **étrange** bizarre – 10 **bruyant** qui fait du bruit – 11 **piétiner** marcher sans avancer – 15 **s'inverser** devenir le contraire de – 15 **basculer** *ici* : changer de façon radicale – 17 **une urgence** qc qui doit être fait très vite, qui ne peut pas attendre – 18 **retenir** *ici* : garder en tête – 21 **ramener** *ici* : se souvenir de qc – 22 **une multitude** beaucoup de – 22 **en désordre** qui n'est pas rangé – 23 **contradictoire** widersprüchlich – 25 **être de passage** ne rester à un endroit que pour un temps très court – 25 **encombré de lui-même** *ici* : qui a trop de problèmes – 26 **une certitude** le fait d'être sûr de qc – 27 **furtif** *ici* : qui passe très vite sans qu'on le remarque

se télescopent si brutalement le poids du passé et les dictats de l'avenir qu'il peine à trouver sa place.

Nous avons passé la douane, récupéré nos bagages, et un couple d'amis de mes parents, Aline et Jean-Marc, sont venus à
5 notre rencontre.

– Vite, vite ! nous ont-ils dit en écourtant les embrassades. Il faut qu'on se dépêche si on ne veut pas manquer la dernière barge.

Comme mes parents, Aline et Jean-Marc sont profs de
10 collège. Aline enseigne le français, Jean-Marc les arts plastiques. S'ils ont connu mes parents à Béthune où ils travaillaient dans le même établissement, ils sont ensuite devenus des spécialistes de l'Outre-Mer : je ne sais plus combien d'années à la Guadeloupe et déjà deux à Mayotte. Ensuite, ils comptaient
15 (et l'ont fait depuis) s'installer à la Réunion jusqu'à leur retraite puis revenir en métropole où ils s'achèteraient la maison de leur rêve. Ce sont eux qui avaient convaincu mes parents de tenter l'aventure des tropiques. Mon père et ma mère qui, jusque-là, n'avaient enseigné le français que dans le Pas-de-
20 Calais.

Nous avons fourré nos bagages dans le coffre de la voiture, sommes grimpés tous les quatre à l'arrière et Aline a aussitôt démarré.

– Baissez les vitres, nous a dit Marc en se retournant. La
25 clim est en panne. Tout tombe en panne à Mayotte, vous vous habituerez vite.

J'étais déjà en sueur, littéralement trempé, mon T-shirt collé à ma peau, bon à tordre comme une serpillière. Nous quittions

---

1 **un poids** Gewicht – 3 **récupérer qc** reprendre qc – 3 **les bagages** *mpl* les affaires qu'on prend avec soi pour un voyage – 6 **écourter** ne pas laisser se terminer – 8 **une barge** sorte de bateau – 10 **enseigner** faire apprendre qc à qn – 12 **un établissement** *ici :* une école – 15 **la retraite** le moment de la vie où les gens s'arrêtent de travailler – 18 **tenter l'aventure** partir à l'aventure – 21 **fourrer** *fam* mettre – 21 **un coffre** *(pour une voiture)* là où on met et transporte les bagages – 22 **aussitôt** tout de suite – 23 **démarrer** *ici :* commencer à rouler – 24 **baisser** ≠ lever *ici :* – 24 **une vitre** *ici :* une fenêtre sur le côté d'une voiture – 25 **la clim** *fam Abk* la climatisation, un appareil qui permet d'avoir de l'air froid quand il fait chaud – 25 **être en panne** ne pas fonctionner – 27 **littéralement** vraiment – 28 **tordre** auswringen – 28 **une serpillière** sert à nettoyer par terre

l'aéroport et l'air qui s'engouffrait par les vitres ouvertes de la voiture était chaud et parfumé, sucré, presque écœurant. Aline roulait vite et klaxonnait souvent. Les rues que nous empruntions n'étaient pas éclairées et pourtant, les phares
5 de la voiture nous révélaient au passage une foule de piétons. Il y avait du monde partout, du bruit, des voix. Lydie s'était endormie à peine assise sur la banquette, sa tête sur mon épaule.

Enfin, grâce à la lune qui est subitement apparue au
10 hasard d'un virage, j'ai vu que nous longions la mer. J'avais lu sur Internet que chaque année, des baleines venaient se reproduire dans le lagon et qu'il était banal de rencontrer des dizaines et des dizaines de dauphins. J'essayais de m'accrocher à ces informations pour tenter, en vain, de me convaincre que
15 moi aussi, j'avais envie de vivre sur cette île dont tous mes amis maintenant à des milliers de kilomètres de moi, Baptiste et Nico en tête, n'avaient même jamais entendu le nom.

Jean-Marc n'avait pas cessé de parler durant le trajet en voiture mais je ne l'avais pas écouté. Il semblait vouloir tout
20 nous dire sur Mayotte en dix minutes et cet empressement ressemblait à un avertissement.

– On arrive, a-t-il annoncé alors qu'Aline se précipitait en klaxonnant vers le bout d'un quai auquel était accosté un gros bateau dont l'arrière était béant.
25 Un grand Mahorais faisait signe qu'il était trop tard mais Aline n'en a pas tenu compte et a tenté de forcer le passage. L'homme s'est mis à faire de grands gestes avec les mains et

---

1 **s'engouffrer** entrer vite – 2 **écœurant** qui fait devenir malade – 3 **klaxonner** hupen – 4 **emprunter une rue** *ici :* rouler en voiture dans une rue – 4 **éclairé** avec de la lumière – 4 **un phare** *(pour une voiture)* qui éclaire la route – 5 **révéler** *ici :* permettre de voir – 7 **une banquette** le siège arrière (Rücksitz) d'une voiture – 8 **une épaule** Schulter – 9 **subitement** tout à coup – 9 **apparaître** se montrer – 11 **une baleine** Wal – 12 **se reproduire** *(pour un animal)* sich fortpflanzen – 13 **s'accrocher** *ici :* se concentrer – 14 **en vain** sans succès – 18 **cesser de** arrêter de – 18 **durant** pendant – 18 **un trajet** un voyage – 19 **sembler** avoir l'air – 20 **un empressement** le fait de faire qc très vite – 21 **un avertissement** Warnung – 22 **se précipiter** *ici :* rouler très vite – 23 **être accosté** *(pour un bateau)* être au port, à quai – 24 **béant** grand ouvert – 26 **forcer le passage** passer alors que c'est interdit

Jean-Marc a dit à sa femme de s'arrêter. Il est descendu et s'est mis à parler avec l'employé de la compagnie maritime.

– Mais si ça passe, chef! a-t-il fini par dire. Regarde! Y'a largement la place!

5 Puis il s'est tourné vers Aline.

– Vas-y! Là, en travers!

Le Mahorais a capitulé et a laissé Aline manœuvrer. Le bas de caisse a cogné brutalement quand les roues ont grimpé sur le plateau arrière du bateau et, d'un bond, la voiture s'est 10 calée entre deux autres, au millimètre près. Aussitôt, un long sifflement a ordonné le départ de la barge. Le plan incliné sur lequel nous venions de rouler s'est relevé juste derrière la voiture et le navire s'est mis à trembler avec un sourd vacarme de moteur.

15 – C'était moins une! a lancé Aline en souriant.

Un peu plus et on passait la nuit sur Petite Terre.

La traversée entre Petite et Grande Terre n'a pas duré longtemps, mais suffisamment pour aggraver mon angoisse, cette impression d'être perdu et loin de tout, loin de moi-20 même. Le centre de la barge était entièrement encombré de voitures, de camionnettes et de mobylettes, et nous sommes montés vers les coursives pleines de passagers. Il y avait des bagages partout, des sacs de toile, des régimes de bananes, des fagots de végétaux dont je ne connaissais pas encore le nom.

25 – On accoste à Mamoudzou, a précisé Jean-Marc, la capitale.

---

2 **une compagnie maritime** compagnie spécialisée dans le transport par bateaux –
4 **largement** ≠ peu – 7 **manœuvrer** *ici :* faire bouger son véhicule pour le mettre dans une certaine position – 8 **cogner** *ici :* entrer en contact avec qc de façon brutale – 8 **une roue** une voiture roule sur quatre roues – 9 **un plateau** *ici :* une plate-forme – 9 **un bond** Sprung – 10 **se caler** *ici :* prendre place – 11 **un sifflement** Pfeifen – 11 **ordonner** donner un ordre – 11 **un plan incliné** schiefe Ebene – 13 **un navire** un bateau – 13 **trembler** vibrer – 13 **un vacarme** un bruit très fort – 17 **durer** dauern – 18 **suffisamment** *ici :* assez longtemps – 18 **aggraver** faire que qc de grave devienne encore plus grave – 18 **une angoisse** ce que l'on ressent lorsque l'on est inquiet – 21 **une mobylette** sorte de vélo à moteur – 22 **une coursive** un corridor sur un bateau – 22 **un passager** *ici :* qn qui voyage en bateau – 23 **un sac de toile** Stofftasche – 23 **un régime de banane** Fruchtstand der Bananen – 24 **un fagot** Bündel

Je voyais bien quelques lumières à l'horizon, dans la direction indiquée par la proue de la barge, mais rien qui puisse évoquer la taille d'une capitale. Grande Terre n'était qu'une masse sombre qui se découpait sur le ciel bleu nuit, si peu piquetée
5 de lumières qu'elle semblait inhabité. J'avais eu la même impression quand notre avion avait survolé Madagascar : des étendues sauvages gigantesques et seulement quelques villes éparses signalées par de faibles lumières. Rien à voir avec l'Europe qui, vue du ciel et de nuit, ressemble à un sapin de
10 Noël.

Autour de nous, beaucoup de passagers avaient enfilé des pulls ou des blousons, mais même si l'air était effectivement plus frais que sur terre, il n'en était pas moins beaucoup trop chaud à mon goût. Lydie restait collée à moi et dévisageait
15 des Mahoraises, jeunes ou vieilles, en tenues traditionnelles, robes colorées drapées de la tête aux pieds et, comme je l'apprendrais plus tard, un masque de beauté faisant l'effet d'une pellicule de boue séchée sur le visage. D'autres femmes étaient vêtues à la métropolitaine et la majorité des hommes
20 portaient des pantalons et des chemises en toile et, le plus souvent, étaient chaussés de tongs en plastique. Tous parlaient le shimaoré qui, bien que le français soit la langue officielle de l'île et celle que l'on impose à l'école, est de loin la plus pratiquée au quotidien.
25   Enfin, nous avons accosté et cette fois, Aline a été la première à débarquer sur la terre ferme.

---

2 **une proue** l'avant d'un bateau – 2 **évoquer** faire penser à qc – 4 **sombre** ≠ clair – 4 **se découper** *ici :* laisser voir sa silhouette par effet de contraste – 4 **piqueté** éclairé – 5 **inhabité** où il n'y a pas d'habitants – 7 **une étendue sauvage** terrain où il n'y a rien – 7 **gigantesque** très grand – 8 **épars** loin les uns des autres – 8 **faible** ≠ fort – 9 **un sapin** Tanne – 11 **enfiler** mettre – 14 **dévisager** regarder qn longtemps sans rien dire – 16 **coloré** qui a une ou plusieurs couleurs – 16 **drapé** *ici :* qui couvre le corps – 17 **faire l'effet de** ressembler à – 18 **la boue** Schlamm – 18 **séchée** → sec – 19 **vêtu** habillé – 21 **chaussé** qui porte aux pieds – 21 **une tong** Flip-Flop – 23 **imposer** *ici :* obliger à parler – 24 **pratiqué** *ici :* utilisé

Les rues de Mamoudzou, comme celle que nous avions traversées sur Petite Terre de Pamandzi à Dzaoudzi, bruissaient de monde mais étaient plongées dans l'obscurité. J'étais loin alors d'être habitué aux nuits tropicales qui tombent dès 17
5 heures. Surtout, j'avais été élevé en métropole et en ville, là où la nuit est tenue en respect par les éclairages urbains. À Mayotte, en plein cœur de la capitale, avec la nuit venait le noir complet, une obscurité comme je n'en avais jamais connue.

Notre maison n'était pas prête, ou plutôt pas encore libre,
10 et il était prévu que nous logions pendant dix jours dans une maison d'hôtes de Mamoudzou : *Le Baobab, ses chambres climatisées et sa vue imprenable sur le lagon*, disait le site Internet de l'établissement.

Après seulement cinq minutes de route, Jean-Marc et Aline
15 nous ont déposés devant cette petite maison blanche. J'ai jeté un regard alentour mais n'ai rien vu que les ténèbres. Pourtant, j'entendais des voix, des radios diffusant de la musique à plein régime, les bêlements de chèvres et les rires d'un enfant.

M. et Mme Marson, un couple d'une cinquantaine d'années
20 propriétaires du Baobab, nous ont accueillis et guidés jusqu'à nos chambres.

– Vous devez être épuisés, avec le retard de l'avion.

C'était le mot : épuisé. Et pourtant, trois heures plus tard, déjà habitué à la relative fraîcheur de la pièce climatisée
25 qui m'avait saisi en entrant, je ne parvenais pas à trouver le sommeil.

J'avais pris une douche en arrivant. La salle de bains n'était pas climatisée mais « aérée » par deux rangées d'ouvertures

---

2 **bruisser de monde** se dit d'un endroit où les gens font beaucoup de bruit – 4 **dès** à partir de – 6 **un éclairage urbain** les lampes qui éclairent les rues – 10 **prévoir** *ici :* planen – 11 **une maison d'hôtes** sorte d'hôtel, une pension – 12 **une vue imprenable** un panorama magnifique – 15 **déposer qn** laisser qn – 15 **jeter un regard** regarder rapidement – 16 **les ténèbres** *fpl* ≠ la lumière – 17 **diffuser** *ici :* senden – 18 **un bêlement** le bruit que font certains animaux lorsqu'ils crient – 18 **une chèvre** Ziege – 19 **une cinquantaine** environ cinquante – 20 **accueillir** souhaiter la bienvenue – 22 **épuisé** très fatigué – 24 **la fraîcheur** ≠ la chaleur – 25 **parvenir à** réussir à – 25 **trouver le sommeil** s'endormir – 28 **aéré** où l'air peut passer – 28 **une ouverture** un trou

carrées percées dans un mur près du plafond par lesquelles j'entendais les bruits des voisins tout proches, leur musique, leur langage qui m'était parfaitement étranger… Avant notre départ de métropole, on nous avait beaucoup parlé des
5 insectes dans les pays tropicaux. Déjà, dans le Pas-de-Calais, j'avais horreur des araignées ou des sauterelles et je dois avouer que « les bêtes » étaient l'une de mes inquiétudes en arrivant à Mayotte, même si Lydie et moi avions lu dans un guide qu'aucune n'était dangereuse à l'exception des scolopendres,
10 les *scolos* comme on appelle là-bas cette sorte de mille pattes noirs minuscules ou longs de quinze centimètres dont la piqûre, si elle n'est pas mortelle, est extrêmement douloureuse. Et soudain, en mettant un pied dans le bac de douche, mon regard a été attiré par un mouvement rapide dans l'une des
15 niches percées en haut du mur. J'ai vu deux antennes de la taille de mon petit doigt puis un corps roux gros comme mon pouce. J'ai poussé un cri et « le monstre » a disparu en un clin d'œil. Le cœur cognant dans ma poitrine, j'ai pris une douche éclair, les yeux braqués sur les aérations dans le mur, au cas où
20 la bestiole aurait envie de faire trempette avec moi.

Je partageais avec ma sœur l'une des chambres du Baobab qui communiquait par une porte avec celle de nos parents. Il y avait deux lits côte à côte et Lydie était déjà couchée mais ne dormait pas encore.
25 – Tu crois qu'on va être bien, ici ? m'a-t-elle demandé alors que je me glissais sous les draps à fleurs.

Maman est entrée à ce moment pour nous souhaiter bonne nuit. Elle nous a embrassés tous les deux et Lydie lui a répété sa question.

---

1 **percé** ouvert – 1 **un plafond** Decke – 6 **une sauterelle** Heuschrecke – 9 **une scolopendre** Tausendfüßler – 10 **un mille-pattes** une scolopendre – 12 **une piqûre** Stich – 12 **mortel** qui tue – 12 **douloureux** qui fait mal – 13 **un bac de douche** le bas d'une cabine de douche – 14 **attiré** *ici :* angezogen – 14 **un mouvement** ce que qc qui bouge – 15 **une niche** *ici :* un trou – 17 **en un clin d'œil** très vite – 18 **cogner** battre très fort – 18 **la poitrine** Brustkorb – 19 **braqué** *ici :* fixé – 19 **une aération** une ouverture par laquelle l'air peut passer – 20 **une bestiole** un insecte ou un petit animal – 20 **faire trempette** se baigner – 26 **se glisser** se mettre – 26 **un drap** Bettlaken

– Mais bien sûr, ma chérie. Tu verras : demain, il fera jour…

Maman a éteint avant de sortir et nous nous sommes retrouvés dans le noir complet.

Aussitôt, un bruit s'est fait entendre. Ou plutôt deux bruits
5 successifs, comme des claquements de langue. Je retenais ma respiration pour écouter et les deux claquements ont recommencé.

– C'est quoi ? a demandé Lydie d'une voix inquiète.

– J'en sais rien, j'ai murmuré.

10 Et quand j'ai de nouveau entendu les bruits, j'ai rallumé ma lampe de chevet.

J'avais aussitôt pensé à une bête et j'ai inspecté du regard les murs et le plafond de la chambre. Rien. J'ai éteint et aussitôt, les claquements ont repris. *Tic-toc… Tic-toc…*

15 – J'peux venir dans ton lit ? a dit Lydie en me rejoignant sous mon drap sans même attendre ma réponse.

Elle s'est blottie contre moi, si petite et si frêle que du haut de mes douze ans, je me suis un instant senti grand et fort. Un instant seulement car une nouvelle vague d'angoisse a
20 parcouru ma peau quand les petits claquements dans la nuit se sont encore manifestés.

J'ai compris au bout de quelques minutes que Lydie s'était endormie.

Les claquements ont fini par cesser, mais j'ai tout de même
25 mis des heures avant de succomber à un sommeil nerveux. Allongé sur mon lit, dans le noir, mon cœur battait trop vite, mes oreilles bourdonnaient encore du vacarme des moteurs de l'avion et j'étais écœuré à cause du traitement contre le

---

5 **successif** qui se suivent – 5 **un claquement** bruit sec et court – 10 **rallumer** faire fonctionner de nouveau – 11 **une lampe de chevet** lampe posée près de la tête du lit – 12 **inspecter** regarder en faisant très attention pour trouver qc – 14 **reprendre** *ici* : recommencer – 15 **rejoindre** retrouver – 17 **se blottir** se mettre contre qn – 17 **frêle** ≠ fort – 19 **une vague** Welle – 20 **parcourir** *ici* : durchlaufen – 21 **se manifester** se faire voir ou entendre – 24 **cesser** arrêter – 25 **succomber au sommeil** s'endormir – 27 **bourdonner** summen – 28 **écœuré** *ici* : qui est malade, qui a mal au cœur

paludisme que nous prenions depuis plusieurs jours. J'écoutais le ronronnement régulier de la clim et j'entendais toujours des voix, toutes proches, comme sous la fenêtre de la chambre.

J'avais peur. De quoi ? De l'éloignement, de l'inconnu,
5 de l'obscurité de ce pays, de ses sons, de ses odeurs, de ses insectes dont je croyais deviner l'hostile proximité… J'étais *dépaysé*, un mot qui prenait tout son sens pour la première fois de ma vie. J'étais loin, trop brusquement loin de chez moi, et pourtant rendu là où devait, pour quatre années, être mon
10 nouveau « chez moi. »

J'avais la vertigineuse impression d'être au bout du monde.

J'y étais.

---

1 **le paludisme** la malaria – 2 **un ronronnement** un bruit – 4 **un éloignement** → loin –
4 **l'inconnu** *m* ce qu'on ne connaît pas – 5 **une odeur** un parfum – 7 **dépaysé** être loin
de chez soi dans un endroit qu'on ne connaît pas – 11 **vertigineux** *ici :* fou, qu'on a du
mal à comprendre

2

À Mayotte, le jour se lève aussi vite qu'il tombe. C'est finalement un rythme assez simple à comprendre : douze heures de jour, douze heures de nuit, avec de légères variations selon les saisons.

5 À 5 heures 15 le lendemain matin de notre arrivée, j'étais debout, soulagé de voir le jour à travers les rideaux que je me suis empressé de tirer.

Vue imprenable sur le lagon, clamait le site Internet du Baobab. S'il y avait bien la mer en face de la chambre, ce que 10 négligeait de préciser la publicité de la maison d'hôte, c'est qu'entre le lagon et moi se trouverait une terrasse en béton déglinguée et encombrée de sacs plastiques et de bouteilles vides sur laquelle dormaient deux hommes, deux femmes et cinq enfants. En plein air, en pleine chaleur ou sous les averses 15 torrentielles que je n'allais pas tarder à découvrir, sur des matelas mousse, exactement sous les fenêtres de ma chambre climatisée. Les voix que j'avais entendues jusque tard dans la nuit avant de trouver enfin le sommeil.

Nous avons pris le petit déjeuner sur une terrasse où 20 grimpaient des plantes à fleurs mauves et orange et sur les murs et au plafond de laquelle étaient visibles une bonne dizaine de margouillats, sorte de petits lézards vert tendre aux pattes terminées par des ventouses, qui faisaient exactement les deux petits claquements répétitifs qui m'avaient tant 25 inquiétés la veille. Madame Marson, tout en nous servant nos

---

3 **léger** *ici :* peu important, petit – 3 **une variation** le fait de changer – 6 **debout** *ici :* réveillé, sorti du lit – 6 **soulagé** qui se sent mieux – 6 **un rideau** Vorhang – 7 **s'empresser** sich beeilen – 7 **tirer** *ici :* ouvrir – 8 **clamer** déclarer – 10 **négliger** oublier – 12 **déglingué** cassé – 14 **une averse** forte pluie qui ne tombe pas longtemps – 15 **torrentiel** qui tombe en très grande quantité (Menge) – 15 **ne pas tarder à** ne pas avoir à attendre longtemps pour – 16 **un matelas** Matratze – 20 **une plante** Pflanze – 20 **mauve** violet – 21 **visible** qu'on peut voir – 22 **un lézard** un petit reptile (Eidechse) – 22 **tendre** *pour une couleur* très clair – 23 **une ventouse** Saugfuß – 24 **répétitifs** qui se répètent – 25 **inquiéter** faire peur

cafés et chocolat chaud, nous a expliqué que la famille qui dormait sous nos fenêtres venait d'Anjouan, l'une des autres îles des Comores dont fait partie Mayotte.

– Ce sont des clandestins, a-t-elle ajouté. Il en arrive tous les
5 jours à Mayotte. Il y a quatre-vingts kilomètres entre ici et leur île. Ils traversent sur des bateaux surchargés qu'on appelle les *kwassa-kwassas*. Ceux qui ne se sont pas noyés en route ou qui ne se sont pas fait dévorer par les requins se réfugient dans le ghetto où, en général, ils finissent par se faire attraper par la
10 police.

– Mais pourquoi ? j'ai demandé. Qu'est-ce qu'ils viennent faire ici ?

– Accoucher à la maternité de Mamoudzou, chercher un boulot dix fois mieux payé que chez eux… Fuir la misère de
15 leur île !

Je n'en revenais pas. Quand on n'a jamais rien connu d'autre que la métropole et que l'on découvre Mayotte, il est difficile de comprendre que l'on puisse risquer sa vie pour ça.

Ça ? Ce que j'ai vu en sortant pour la première fois, de jour,
20 du Baobab, en plein centre de la capitale de l'île, sous un ciel d'un bleu intense : des routes défoncées, des détritus partout, des maisons de tôles et de torchis, des enfants nus jouant dans des caniveaux, des femmes lavant leur linge dans des ruisseaux pollués, des chiens errants efflanqués… Un bidonville, pour
25 moi qui connaissais si peu le monde.

Mes parents m'ont rejoint dans la rue où, bien qu'il fût à peine 6 heures, la chaleur commençait à m'incommoder. Je me souviens de leur avoir dit aussitôt :

---

4 **un clandestin** *ici :* personne qui vit dans un pays de façon illégale – 6 **surchargé** *ici :* où il y a trop de passagers – 8 **dévorer** manger – 8 **se réfugier** *ici :* se cacher – 13 **accoucher** faire venir un bébé au monde – 13 **une maternité** la section de l'hôpital où les bébés viennent au monde – 14 **la misère** le fait d'être pauvre – 21 **défoncé** *ici :* plein de trous – 21 **les détritus** *mpl* Müll – 22 **la tôle** Blech – 22 **le torchis** mélange de terre et de paille (Stroh) – 23 **un caniveau** Rinnstein – 23 **laver** nettoyer – 23 **le linge** draps, vêtements, sous-vêtements, etc – 23 **un ruisseau** une très petite rivière – 24 **pollué** → pollution – 24 **un chien errant** chien sans propriétaire qui vit dans les rues – 24 **efflanqué** très maigre (dürr) – 24 **un bidonville** Slum – 27 **incommoder** stören

– On va pas rester ici ?

– Mais non, a répondu mon père, tu sais bien qu'on aura notre maison la semaine prochaine !

– À Mayotte, je veux dire ! On peut pas rester à Mayotte !

5 Mon père avait très bien compris ce que je voulais dire, ce que je ressentais.

– On vient d'arriver, Hugo. Tout ça est très nouveau mais tu vas voir, on va s'habituer…

J'ai regardé ma mère qui n'a rien dit, mais j'ai compris qu'elle
10 n'était pas loin de penser comme moi. Lydie était tout contre elle, accrochée à sa taille.

Et nous sommes restés, bien que Jean-Marc et Aline nous aient expliqué qu'il arrivait que des familles métropolitaines reprennent l'avion au bout d'une semaine tant le choc est
15 rude.

En dix jours à Mamoudzou, je n'ai pas réussi à comprendre cette ville.

Tout y part de l'embarcadère de la barge, avec la place du marché, puis la place Mariage entourée de commerçants de
20 type métropolitain, de l'unique librairie de l'île et de l'hôtel « Caribou » dont seul le nom, qui veut dire « bienvenue », est typique de Mayotte.

Notre maison d'hôtes, en plein ghetto anjouanais où les descentes de police sont fréquentes et musclées, était très
25 proche de la rue du Commerce bordée de boutiques de vêtements, de bijoux ou d'électroménagers d'où sortaient des musiques africaines à plein régime. C'est là, le lendemain de notre arrivée, que j'ai vu une image qui, des années plus tard, symbolise encore pour moi ce qu'est Mayotte : une Mahoraise

---

14 **au bout de** *ici* : après – 18 **un embarcadère** à terre, endroit où les passagers montent dans un bateau – 19 **un commerçant** marchand qui a un magasin –
20 **métropolitain** de France continentale – 24 **une descente de police** arrivée rapide d'un grand nombre de policiers pour arrêter qn – 24 **fréquent** qui se passe souvent –
24 **musclé** *ici* : brutal – 25 **bordé** gesäumt – 25 **une boutique** un magasin – 26 **un bijou** Schmuck – 26 **l'électroménager** *m* l'ensemble des appareils électriques pour faire la cuisine ou nettoyer la maison

en tenue traditionnelle qui marche en tenant en équilibre sur sa tête le four micro-ondes qu'elle venait de s'acheter.

À Mamoudzou, où l'on construit n'importe où, n'importe comment mais vite, les enseignes des opérateurs de téléphonie
5 portable sont accrochées sur les murs des cases, les bâtiments administratifs français jouxtent des marchands ambulants de poulet boucané, et on entend l'appel du muezzin alors qu'on achète des timbres à la poste dont le guichet est exactement le même que dans n'importe quelle ville métropolitaine. Et, en
10 plein cœur de l'Océan Indien, on y étouffe sous une circulation automobile qui n'a rien à envier à celle de Paris aux heures de pointe.

En fait, cette ville me faisait peur. C'est sans doute ridicule, mais c'est vrai. Trop de monde, trop de bruit, de couleurs,
15 d'odeurs, de cris, de musique, et un autre monde dès que l'on quitte les grandes artères. Un soir, surpris par la tombée si brutale de la nuit, je m'étais trompé de chemin pour retourner au Baobab et m'étais retrouvé au cœur du ghetto anjouanais. Des ruelles en terre, des cases de guingois, des ruisseaux
20 boueux et tous les habitants qui me suivaient du regard. Je n'avais rien à faire là, avec mes Nike aux pieds, mon bermuda et mon T-shirt Quiksilver, et j'ai instinctivement pressé le pas. Je suis arrivé en sueur, essoufflé, et le cœur me martelant les tempes, me sentant stupide, mais surtout pas à ma place sur
25 cette île.

---

2 **un four micro-ondes** Mikrowellenherd – 4 **un opérateur de téléphonie mobile** compagnie qui vend l'accès à un réseau (Netz) pour un téléphone mobile – 6 **administratif** verwaltungs- – 6 **jouxter** être directement à côté de qc – 6 **un marchand ambulant** marchand qui va partout pour proposer ce qu'il a à vendre – 7 **boucané** devenu sec sur un feu – 8 **un timbre** petit papier qu'on colle sur une lettre pour montrer qu'on a payé pour son transport – 9 **en plein cœur** *ici :* voll in der Mitte – 10 **étouffer** ne plus arriver à respirer – 10 **la circulation automobile** tous les véhicules qui roulent dans une ville – 11 **n'avoir rien à envier** être identique, être comme – 13 **ridicule** grotesque – 16 **une artère** *ici :* une longue et large rue – 16 **surpris** *ici :* qui n'a pas vu qc ou qn arriver – 17 **se tromper de chemin** prendre le mauvais chemin – 19 **une ruelle** une petite rue – 19 **de guingois** schief – 20 **boueux** schlammig – 22 **presser le pas** se mettre à marcher plus vite – 23 **essoufflé** qui a du mal à respirer parce qu'il a fait un effort physique – 23 **marteler** cogner – 24 **une tempe** Schläfe

Et je ne devais pas être le seul dans ce cas-là puisque chaque soir, les métropolitains se retrouvaient au Barfly, un bar restaurant situé au bout de la rue Mahabou qui surplombe le port de plaisance.

5 Nous y sommes allés le troisième soir, invités par Jean-Marc et Aline qui voulaient nous présenter des « collègues ».

– Presque tous les enseignants de l'île sont des *métros*, et pas un n'échappe au Barfly ! a lancé Aline en riant. C'est le rendez-vous des expats !

10 Le bar, précédé de sa grande terrasse, offrait une vue superbe sur le lagon si grand qu'au premier regard il ne paraissait pas différent des mers qui bordent la France hexagonale : une eau bleu foncé ou grise selon le temps, et une barre corallienne si lointaine qu'on ne voyait pas à l'œil nu son trait d'écume
15 si caractéristique. Des clients étaient attablés, d'autres à l'intérieur, accoudés au bar ou debout, un verre à la main, autour du billard derrière lequel se trouvait un écran géant qui diffusait des images de plongée sous-marine. Le patron était blanc et peu bavard. Les habitués l'appelaient par son
20 diminutif, les femmes l'embrassaient par-dessus le comptoir et à tous, il ne répondait que par un mouvement de tête ou un grognement.

Nous nous sommes assis à une table et les amis de papa et de maman ont fait les présentations. Beaucoup des habitués
25 du bar y venaient en famille, les enfants jouant sur la terrasse, pieds et torses nus, comme à la maison, avec un laisser-aller qu'ils n'auraient jamais affiché en métropole.

1 **puisque** parce que – 3 **surplomber** se trouver au-dessus de qc – 4 **un port de plaisance** port pour les gens qui font du bateau pour le plaisir – 7 **un enseignant** un professeur – 8 **échapper** *ici :* ne pas aller – 10 **précédé de** *ici :* devant lequel se trouve – 12 **border** être au bord de qc – 12 **la France hexagonale** la France métropolitaine, continentale – 13 **une barre corallienne** Korallenriff – 14 **l'écume** *f* Meerschaum – 15 **attablé** assis à une table – 16 **accoudé** mit den Ellbogen auf etw gestützt – 19 **bavard** qui parle beaucoup – 20 **un comptoir** Theke – 22 **un grognement** Murren – 27 **afficher** *ici :* montrer

Il n'y avait que des profs autour de la table, la plupart en collège, et chacun, à part ma voisine – grande femme brune portant des vêtements tels que ceux que j'avais vus dans la vitrine colorée d'une boutique de la rue du Commerce – avait
5 sa petite phrase toute prête sur Mayotte à notre intention :
« L'île aux voitures est le surnom de la Réunion. Ici, c'est l'île en construction… On est passé trop vite de la *génération coco* à la *génération coca* !… Mayotte, c'est l'Afrique, rien à voir avec la Réunion ! Là-bas, c'est le métissage des cultures et des
10 races, ici, c'est une terre de contrastes… Vous verrez, les gosses sont très attachants. Pas très courageux mais gentils… C'est culturel ! Un pêcheur, ici, n'attrape que ce dont il a besoin pour sa journée. S'il a besoin de cinq euros pour lui et sa famille, il prend de quoi vendre sa pêche cinq euros et n'aura pas l'idée
15 d'en attraper plus pour faire des bénéfices !… *Polé, Polé* ! Ils disent tout le temps. Ça veut dire *doucement, doucement*… La plupart n'attendent de la France que les allocations familiales et le RMI !… »
J'écoutais sans rien dire, comme Lydie, et le peu de fois où
20 mes parents posaient une question, les autres riaient de leur naïveté et répondaient avec des airs de vieux chefs de tribu. J'avais l'impression que papa et maman étaient les victimes d'un « dîner de cons », ou bien qu'ils se faisaient bizuter.
Puis la conversation a dévié sur le lagon qui, comme le Barfly,
25 était le refuge des wazungu. Tous les week-ends, les métros se retrouvaient sur ou sous la mer. Pêche au gros, plongée sous-

---

4 **une vitrine** grande fenêtre d'un magasin qui laisse voir ce qu'il y a à vendre – 6 **un surnom** un pseudonyme – 9 **un métissage** un mélange – 11 **attachant** gentil, sage, qu'on aime bien – 11 **courageux** *ici :* qui travaille beaucoup, qui se donne du mal – 12 **un pêcheur** qui prend, pêche du poisson – 15 **un bénéfice** un profit – 16 **doucement** ≠ vite – 17 **les allocations familiales** *fpl* argent qu'un pays donne aux parents pour les aider à s'occuper de leurs enfants – 18 **le RMI** (Revenu Minimun d'Insertion) l'argent que touchent les gens qui n'ont plus de travail depuis plus de deux ans – 21 **la naïveté** caractéristique de qn qui croit tout ce qu'on lui dit – 21 **une tribu** groupe social, souvent de la même famille, qui a la même langue et / ou la même culture – 23 **un dîner de cons** (titre d'un film sorti en 1998) repas où l'on invite un ou plusieurs idiots pour pouvoir se moquer d'eux – 23 **bizuter** faire du mal à personnes qui sont nouvelles dans un groupe (schikanieren) – 24 **dévier** changer de direction – 25 **un refuge** *ici :* un endroit où se retrouvent les expatriés parce qu'ils s'y sentent bien

marine, voile, ski nautique… Le dimanche précédent, une prof
de français avait croisé un banc d'une centaine de dauphins ;
son mari connaissait un endroit où on voyait des mérous
gigantesques et a promis d'y emmener mes parents qui
5 devaient *absolument* plonger sur la passe en S, la seule faille
dans la barre corallienne qui marquait l'entrée du lagon.

J'ai vite perdu le fil de ces conversations et me suis renfermé
sur moi-même, saoulé de paroles, de chaleur, de fatigue. Ma
voisine n'avait toujours pas ouvert la bouche quand soudain,
10 elle s'est penchée vers moi et m'a tendu la main :

– Françoise. Je crois que je suis ta nouvelle documentaliste.

Je l'ai regardée et elle m'a fait un grand sourire. J'ai serré sa
main, pas très à l'aise, même si, en tant que fils de profs, j'étais
habitué à fréquenter des enseignants en dehors des heures de
15 cours.

– Je travaille dans le même collège que tes parents. C'est
presque la brousse, tu verras, beaucoup plus tranquille que
Mamoudzou.

Ce mot de « brousse » que tout le monde utilisait pour
20 parler de la campagne à Mayotte m'évoquait plus des plaines
africaines parcourues par des gazelles, des lions et des
éléphants que ce que je m'attendais à rencontrer sur une île
tropicale.

– Je vois que tu n'es pas un grand bavard, comme moi ! a
25 poursuivi ma future documentaliste à voix suffisamment basse
pour que je sois le seul à l'entendre.

Pourtant, cette petite conversation est très intéressante !
Autour de cette table se joue un jeu qui régit l'ensemble de
la communauté métropolitaine. Une communauté qui vit à

---

1 **le ski nautique** du ski sur l'eau – 1 **précédent** ≠ suivant – 2 **croiser** rencontrer, voir –
3 **un mérou** Barsch – 5 **absolument** à tout prix – 7 **se renfermer sur soi-même** ne
plus rien dire, ne plus participer à la conversation – 8 **saoulé** [sule] *ici* : qui a eu trop
de qc – 10 **se pencher** sich bücken – 10 **tendre** donner – 13 **à l'aise** qui se sent bien –
14 **fréquenter** être avec, rencontrer souvent – 17 **la brousse** étendue sauvage africaine
couverte de hautes herbes – 20 **une plaine** ≠ montagne – 25 **poursuivre** *ici* : continuer
de parler – 28 **régir** qui dit comment on doit faire les choses, qui agit en roi

côté, mais pas avec les Mahorais. Tu vas vite comprendre qu'il y a deux catégories d'expatriés : les nouveaux, et les autres. Et les nouveaux, dont ta famille est le plus frais arrivage, sont toujours accueillis à bras ouverts parce qu'ils permettent aux
5 autres de passer pour des durs à cuire.

J'ai croisé son regard dans lequel j'ai perçu un reflet malicieux qui m'a bien plu. Elle m'a souri et a continué :

– Il faut savoir que chez les métros, ou les wazungu, comme on appelle ici les blancs, la hiérarchie se mesure en ancienneté.
10 Champions toutes catégories : des types comme le patron du Barfly, ou les propriétaires de la maison d'hôtes où vous êtes logés. Ils sont très discrets sur leur passé mais on devine qu'avant Mayotte, ils avaient déjà plus de vingt ans d'Afrique derrière eux, après éventuellement un détour par l'Asie et
15 un saut de puce par Madagascar, qu'il faut, si tu veux avoir l'air d'un pur et dur, appeler *Mada*. Ce sont des baroudeurs, des vrais, qui n'ont pas besoin de parler puisque les autres, se vantant tous d'être leurs amis, se chargent de raconter ou d'inventer leur histoire. Ensuite, viennent les fonctionnaires en
20 fin de mission, déjà là depuis plusieurs années et qui pensent avoir tout compris sur l'île et ses habitants. Le retour en métropole n'est plus loin, et ils jouent les blasés, les revenus de tout. Tu verras : la Principale de ton collège est comme ça ! Une Bretonne, trop heureuse de retourner chez elle à la fin de cette
25 année scolaire. Et la dernière catégorie est celle de vos amis, Jean-Marc et Aline : les anciens petits nouveaux que votre arrivée fait enfin monter en grade.

---

3 **un arrivage** → arriver – 5 **un dur à cuire** qn de fort, de robuste – 6 **un reflet** *ici :* Glanz – 7 **malicieux** verschmitzt – 9 **se mesurer** sich messen – 9 **l'ancienneté** *f* → ancien – 14 **éventuellement** peut-être – 14 **un détour** Umweg – 15 **un saut de puce** Katzensprung – 16 **un pur et dur** Hardliner – 16 **un baroudeur** qn qui voyage beaucoup et qui recherche l'aventure – 18 **se vanter** dire qc pour avoir l'attention des autres – 18 **se charger de** faire qc soi-même – 22 **un blasé** personne qui a déjà tout vu et pour qui rien n'est plus une surprise – 27 **monter en grade** grimper dans la hiérarchie

Elle s'est encore penchée plus près de mon oreille pour me dire d'une voix amusée :

– Ce sont les plus bavards ! En tenant bon un an à Mayotte, ils ont gagné le droit de parler à tort et à travers de l'île, de ses rites, de ses contrastes, de la difficulté à s'y adapter… En fait, ils commencent tout juste à comprendre ce qui est écrit sur le guide touristique.

Elle s'est redressée sur sa chaise et je me suis entendu lui demander :

– Et vous, à quelle catégorie vous appartenez ?

J'ai aussitôt senti mes joues s'empourprer. Mais Françoise m'a souri, visiblement amusée par mon aplomb.

– À aucune, m'a-t-elle répondu. J'habite à Mayotte depuis vingt-six ans, mon mari est Mahorais et nos deux enfants « café au lait » sont nées sur l'île.

J'ai dû avoir l'air surpris et elle a ajouté :

– Eh oui ! On peut aimer vivre à Mayotte ! Tu t'habitueras facilement. Les jeunes s'y font très naturellement. La nouvelle Mayotte est jeune, pas encore assagie ni résignée. Elle veut tout et tout de suite. C'est une société adolescente.

---

4 **à tort et à travers** sans réfléchir – 5 **un rite** un rituel – 8 **se redresser** ≠ se pencher – 10 **appartenir** être à qn ou qc – 11 **s'empourprer** devenir rouge – 12 **visiblement** qu'on peut voir – 12 **l'aplomb** *m* le fait de ne pas être gêné – 19 **assagi** qui est devenu calme – 19 **résigné** qui n'essaye plus de se battre contre la situation dans laquelle il se trouve – 20 **une société** groupe d'individus avec une même culture et une même histoire

3

J'ai été un peu rassuré en découvrant notre maison. Rien à voir avec les cases de Mamoudzou et de sa banlieue. Au nord de Passamaïnti, à la limite de la brousse, elle était en dur, avec un étage, chacun sa chambre climatisée, des moustiquaires aux
5 fenêtres et aux portes, un jardin clos avec une drôle de pelouse toute rêche, un manguier, un ylang-ylang, un arbre à pain et, sur le toit, une terrasse avec une vue plongeante sur la mer et l'île Mbouzi.

– Même si elle a été améliorée, c'est une vraie maison
10 traditionnelle, nous avait expliqué Aline.

Rien à voir avec les cases SIM de *M'zoungouland* !

M'zoungouland est le nom que l'on donne aux quartiers neufs construits pour les expats. Des petites maisons colorées bien alignées, réunies en résidence, dans lesquels ils pouvaient
15 retrouver le confort auquel ils étaient habitués. L'un d'eux, m'a-t-on raconté plus tard, avait été bâti autour d'une source pour obtenir l'effet d'une place de village métropolitaine avec sa fontaine. Sauf que ce point d'eau, depuis toujours, alimentait deux villages voisins et que les *bwénis*, les femmes en shimaoré,
20 la langue d'origine des Mahorais, ont tout naturellement continué à venir s'y approvisionner. Et cela a aussitôt créé des problèmes avec les nouveaux venus qui trouvaient qu'elles et leurs enfants faisaient trop de bruit dans *leur* quartier.

Ce n'est pourtant pas la place qui manque, à Mayotte.

---

1 **rassuré** qui n'est plus inquiet – 4 **une moustiquaire** sert à ne pas laisser entrer les insectes dans la maison – 5 **clos** *ici* : entouré par une barrière – 5 **une pelouse** dans un jardin, endroit couvert seulement avec de l'herbe – 6 **rêche** *ici* : sec – 6 **un manguier** arbre à mangues – 7 **une vue plongeante** d'où l'on voit d'en-haut – 9 **amélioré** qu'on a fait devenir meilleur – 11 **une case** maison très simple en Afrique – 11 **SIM** Société Immobilière de Mayotte ; *la case SIM (programme social) permet de loger les habitants de l'île dans une maison à eux pour pas cher* – 14 **aligné** l'un à côté de l'autre – 14 **réuni** mis dans un groupe – 16 **bâtir** construire – 18 **une fontaine** Springbrunnen – 18 **alimenter** *ici* : donner de l'eau – 21 **s'approvisionner** aller chercher ce dont on a besoin

Car à part les quelques villes côtières, la population se répartit dans des villages perdus dans les palmiers, les bambous géants, les tulipiers, cocotiers, arbres à pain, bananiers, manguiers, et autres végétaux qui couvrent les pentes des modestes sommets
5 jusqu'aux plages désertes bordées de gigantesques baobabs ou aux mangroves et leurs palétuviers.

La vue depuis la terrasse de notre maison donnait un bon aperçu de la géographie générale de l'île, du mont Maévadouani aux villages côtiers Tsoundzou 1 et 2 puis à l'île Mbouzi
10 seulement habitée par les makis, ces drôles de lémuriens aux grands yeux jaunes. À l'aube, quand le soleil frôlait à peine le lagon, la baie était magnifique et correspondait parfaitement, pour quelques secondes, à l'image paradisiaque que les métropolitains se font d'une île tropicale.

15 Je me souviens avoir mis plusieurs jours à comprendre ce qui, depuis notre arrivée, manquait à ce paysage maritime. Avec mes parents, nous partions souvent en vacances en baie de Somme ou même en Bretagne, et pour moi, le fond sonore d'un paysage marin, outre le bruit des vagues, était le
20 cri des mouettes. Or, il n'y a pas de mouettes à Mayotte, mais d'énormes chauves-souris de plus d'un mètre d'envergure qui volent lourdement, de jour, d'un palmier à un autre. C'est ça, être dépaysé : ne rien connaître, ne rien reconnaître. Pas un oiseau, pas un arbre, un poisson, une fleur. Tout était nouveau,
25 tout m'était étranger. Ou plutôt, j'étais étranger à tout.

C'est le jour de la rentrée que j'en ai vraiment pris la mesure, quand, à la fin de l'appel, j'ai constaté que j'étais le seul blanc de ma classe.

---

1 **une ville côtière** ville au bord de la mer ou de l'océan – 1 **se répartir** ≠ se réunir –
3 **un tulipier** Tulpenbaum – 3 **un cocotier** arbre sur lequel on trouve des noix de coco (Kokosnuss) – 4 **une pente** *ici* : Hang – 4 **modeste** *ici* : petit, pas très grand – 4 **un sommet** *ici* : une montagne – 5 **désert** *ici* : où il n'y a personne – 6 **un palétuvier** sorte d'arbre qu'on trouve dans les mangroves (Mangrovenbaum) – 11 **l'aube** *f* le moment où le soleil se lève – 11 **frôler** passer très près de qc ou de qn – 16 **maritime** → mer – 18 **un fond sonore** Hintergrundmusik – 20 **une mouette** Möwe – 21 **une chauve-souris** animal avec des ailes (Flügel) et qui ressemble à une souris – 21 **une envergure** la distance (Entfernung) maximale entre les deux ailes d'un animal – 27 **constater** remarquer

Mon collège ne manquait pas de charme. C'était l'un des premiers établissements construits sur l'île, et il était composé d'une dizaine de petits bâtiments, sortes de bungalow sans étage disséminés dans un parc planté de flamboyants rouge et jaune, d'hibiscus et de frangipaniers. Et c'était ce jardin fleuri qui servait de cour où les élèves se retrouvaient durant les pauses où à l'heure du déjeuner car à Mayotte, il n'y a pas de cantine.

Je n'ai jamais eu à subir de réflexions racistes autres que des plaisanteries sans méchanceté sur ma couleur de peau ou mes origines métropolitaines, mais il m'a quand même fallu plus de temps qu'aux autres pour m'intégrer à la classe. C'était au collège comme dans le reste de la société mahoraise : les métros faisaient partie du décor, de la vie, mais fondamentalement, ils restaient des expatriés, des gens de passage et donc, même pour les mieux assimilés d'entre eux, des étrangers. De toute façon, je suis sûr que c'était inscrit en moi : je savais que je repartirais un jour, que Mayotte ne serait jamais mon île, que je n'y avais pas d'avenir. Et cela devait se voir dans ma manière d'être, de me comporter vis-à-vis des autres. Plus que leur couleur de peau, c'était là le vrai problème des collégiens venus de métropole : pourquoi s'en faire de vrais amis puisqu'ils repartiraient un jour ?

À cela s'ajoutait un autre écueil : la quasi-totalité les élèves métropolitains étaient des fils de profs, ce qui, là-bas comme dans l'hexagone, n'est jamais bien vu par les copains. Car quand j'ai dit que j'étais le seul blanc de ma classe, j'aurais dû préciser qu'il y en avait un ou une autre : le prof. Durant mes quatre années de collège à Mayotte, je n'ai pas eu un seul professeur mahorais.

---

4 **disséminé** ≠ réuni – 4 **planté** *pour un jardin* où on trouve – 4 **un flamboyant** Flammenbaum – 5 **un frangipanier** arbre qui a des fleurs qui sentent très bon – 9 **subir** être victime de qc ou de qn sans rien dire – 9 **une réflexion** Anmerkung – 10 **une plaisanterie** Witz – 10 **une méchanceté** → méchant – 15 **fondamentalement** von Grund auf – 17 **inscrit** écrit – 20 **une manière d'être** une façon d'être – 20 **se comporter** agir – 24 **un écueil** *ici :* un problème – 24 **la quasi-totalité** presque tous les…

C'était une sensation troublante que de se retrouver soudain dans la minorité. Depuis mon enfance, dans le nord, il y avait toujours eu dans mes classes un ou deux élèves issus de l'immigration, comme ils disent à la télé. À Mayotte, j'étais l'un
5 d'eux, et je découvrais que cela n'avait rien d'anodin.

Pourtant, être noir en France n'est pas la même chose que blanc à Mayotte. Comme sans doute dans les autres départements et territoires d'outre-mer, même s'ils affirment le contraire, les blancs n'ont pas l'impression de faire partie d'une
10 minorité, mais plutôt d'une élite. Mes parents, mes professeurs, les clients du Barfly… Chacun arrivant à Mayotte « missionné » par la métropole, l'un pour « éduquer » les jeunes Mahorais, leur apprendre non seulement le français mais la culture française, les livres d'auteurs français, l'histoire de France,
15 l'autre pour tracer des routes françaises bordée des mêmes panneaux de circulation que dans le Pas-de-Calais, pour bâtir des Postes, diriger des administrations, faire appliquer les lois françaises… Je ne crois pas avoir croisé de métropolitains fondamentalement racistes durant mon séjour sur l'île, mais
20 je suis certain que tous, s'ils faisaient honnêtement leur examen de conscience, se rendraient compte qu'ils se sentent supérieurs aux îliens, d'une manière ou d'une autre.

Alors oui, dans ce contexte, même si l'avouer me fait horreur, les années que j'allais passer à Mayotte me l'ont prouvé
25 ensuite : seul blanc dans ma classe, je ne m'en sentais pas moins inconsciemment le meilleur.

---

1 **troublant** difficile à comprendre et qui fait devenir inquiet – 2 **une minorité** le plus petit nombre – 3 **issu** venu – 4 **l'immigration** f le fait de venir vivre dans un pays étranger – 5 **anodin** ≠ grave – 8 **un territoire d'outre-mer** *aujourd'hui appelé* collectivité d'outre-mer – 8 **affirmer** dire – 11 **missionné** envoyé avec une mission – 12 **éduquer qn** apprendre qc à qn – 15 **tracer** *ici :* construire – 16 **un panneau de circulation** Verkehrsschild – 17 **diriger** leiten – 20 **certain** sûr – 20 **honnêtement** en essayant de ne rien cacher – 21 **faire son examen de conscience** chercher à savoir ce qu'on pense sans rien se cacher – 22 **se sentir supérieur à qn** se croire meilleur que qn d'autre – 22 **un îlien** personne qui vit et vient d'une île – 24 **prouver** montrer – 26 **inconsciemment** sans le voir ni le vouloir

Et j'ai d'ailleurs été premier dans presque toutes les matières au long de l'année, en 6e, ce qui ne m'était jamais arrivé auparavant, loin s'en faut. Je n'avais pas un grand mérite quand l'on sait que le français n'est pas la langue maternelle
5 des Mahorais, que les collégiens ne le parlent qu'à l'école, que la plupart n'ont aucun soutien scolaire de la part de leurs parents alors que les miens m'avaient entouré et guidé depuis la maternelle !

Et ce parcours de la petite enfance creusait un autre fossé
10 entre moi et mes camarades de classes. J'avais toujours été protégé, choyé, épaulé, et je ne connaissais rien de la vie.

Jusqu'à ce qu'ils sachent marcher, les enfants, à Mayotte, ne touchent pas le sol et ne quittent pas les bras de leur mère. Mais ensuite, brusquement, ils sont livrés à eux-mêmes et
15 doivent se débrouiller seuls. À un âge où, en métropole, l'on met des casques aux enfants pour leur apprendre à faire du vélo ou des sécurités pour les empêcher d'ouvrir le tiroir de la cuisine dans lequel on range les couteaux, j'ai vu des petits Mahorais aller seuls dans la forêt avec des machettes
20 plus grandes qu'eux pour couper les feuilles de bananier qui manquaient sur le toit de la case familiale. Et en 6e, les filles me donnaient l'impression d'être des femmes, les garçons des hommes, et moi un bébé à qui il sortirait du lait si on lui appuyait sur le nez.
25 Même si, comme me l'avait dit Françoise, la société mahoraise était adolescente, la vie à Mayotte allait m'apprendre que l'adolescence était un luxe que les enfants de l'île n'avaient ni le temps ni les moyens de s'offrir.

Brutalement est venue ma première saison des pluies, et
30 ma première paire de basket fichue en deux minutes quand

---

3 **auparavant** avant – 6 **un soutien scolaire** Nachhilfe – 9 **creuser un fossé** *ici :* mettre une frontière – 11 **protégé** geschützt – 11 **choyé** de qui on s'occupe tout le temps pour qu'il aille bien – 11 **épaulé** aidé – 14 **être livré à soi-même** être tout seul sans personne pour vous aider – 17 **empêcher qn de faire qc** interdire à qn de faire qc – 18 **un couteau** sert à couper – 24 **appuyer** drücken – 27 **l'adolescence** *f* temps de la vie entre l'enfance et l'âge adulte – 30 **une paire** deux – 30 **fichu** détruit

les rues sont soudain devenues des ruisseaux charriant de la boue rouge. À la troisième paire ruinée, j'ai décidé d'adopter les tongs qu'utilisent les Mahorais alors que février était déjà là et que j'ai cru mourir de chaleur.

5 – Il faut une année entière, m'a dit Françoise, pour savoir apprécier les différentes saisons. Au début, à part la mousson, on ne reconnaît rien et on trouve juste qu'il fait trop chaud et trop humide tout le temps. Mais ensuite, tu verras, on apprend à savourer la fraîcheur de l'hiver austral, de mai à septembre…

10 En bon « débutant », je souffrais tellement de la température que j'étais soulagé quand tombait une averse. J'ai vite compris que la brève impression de fraîcheur quand la pluie commençait à dégringoler se payait double ou triple quand elle s'arrêtait et qu'une brume chaude et étouffante montait
15 du sol.

Ce n'est qu'au milieu de mon premier été austral que j'ai compris que les tee-shirts qui collent immédiatement à la peau étaient à bannir. J'ai alors commencé à porter des chemisettes qui laissent circuler l'air, puis carrément des chemises à
20 manches longues pour protéger les avant-bras où se trouvent les capteurs sensoriels de chaud et de froid. Chemises à manches longues et tongs, indéniablement, je commençais à m'intégrer !

J'ai fait mon baptême de plongée, avec l'impression enivrante
25 de nager dans un aquarium tant il y avait de poissons de toutes les couleurs. J'ai vu mes premières baleines qui, chaque année, viennent s'accoupler et mettre bas dans le lagon. Mes parents,

---

1 **charrier** porter, transporter – 2 **ruiné** fichu – 6 **apprécier** *ici :* reconnaître – 6 **la mousson** la saison des pluies – 8 **humide** ≠ sec – 9 **savourer** aimer – 9 **austral** de l'hémisphère sud – 10 **souffrir** *ici :* rendre malade – 13 **dégringoler** *fam* tomber – 14 **une brume** Nebel – 14 **étouffant** → étouffer – 17 **immédiatement** tout de suite – 18 **bannir** *ici :* ne plus mettre – 18 **une chemisette** chemise pour l'été – 19 **circuler** *ici :* passer – 19 **carrément** *ici :* pour finir – 20 **une manche** partie d'une chemise où l'on met le bras – 21 **un capteur** Sensor – 22 **indéniablement** de façon évidente – 24 **un baptême** *ici :* la première fois qu'on fait qc – 24 **enivrant** fantastique – 25 **nager** schwimmen – 27 **s'accoupler** sich paaren

ma sœur et moi sommes devenus des habitués du Barfly dont
mon père s'est rapidement mis à tutoyer le patron. Le temps
passait, les semaines, les mois, et la vie si nouvelle à Mayotte
devenait ma vie. Déjà, je m'habituais à ce qui m'avait choqué
5 à notre arrivée, je traversais sans plus les voir les quartiers de
Mamoudzou, je ne faisais plus attention aux amas de détritus,
je n'avais plus peur des insectes, même pas des araignées
jaune et bleu aussi grosses qu'une main d'adulte que l'on
voyait se balancer au milieu de leurs toiles larges comme des
10 trampolines. Je m'habituais, je m'acclimatais, à l'image de
mon père et de Lydie qui semblaient très à leur aise, alors que
maman, elle, était de plus en plus crispée.

Un soir, alors que j'étais couché, je l'ai entendu discuter avec
mon père dans la chambre voisine :
15 – Je ne trouve pas ma place ! lui disait-elle. Et puis cette
principale, quelle saleté ! Tu as vu comment elle parle à son
adjoint simplement parce qu'il est Mahorais ! On dirait qu'elle
s'adresse à un gamin et elle n'arrête pas de lever les yeux au
ciel parce qu'il ne va pas assez vite ! Mais qu'est-ce qu'elle fout
20 ici ! C'est lui qui est à sa place, pas elle ! Qu'elle retourne en
Bretagne !
– Elle y retourne à la fin de l'année, ma chérie.
– Et avec sa prime d'expat non imposable, elle va se faire
construire une maison de granit !
25 – Et alors, qu'est-ce qu'il y a de mal à ça ?
– J'en sais rien, a répondu ma mère après un silence, mais
ces profs qui ne sont là que pour la prime et qui n'en ont rien à
foutre de l'île et de ses habitants, ça…

---

2 **tutoyer** dire « tu » à qn – 6 **un amas** Haufen – 9 **se balancer** schaukeln – 9 **une toile**
ici : là où attend l'araignée pour attraper les insectes – 10 **s'acclimater** *ici* : s'habituer à
l'endroit où on vit – 12 **crispé** *ici* : stressé – 16 **une saleté** *ici* : une méchante personne –
17 **un adjoint** qn qui aide un directeur – 18 **s'adresser à qn** parler à qn – 18 **un gamin**
fam un enfant – 19 **foutre** *vulg ici* : faire – 23 **une prime** un bonus – 23 **imposable**
steuerpflichtig

– Tu ne crois pas que tu caricatures un peu ? Depuis notre arrivée, j'ai rencontré plein de profs passionnés et dévoués qui font un boulot formidable !

– Quel boulot ! a répliqué ma mère d'une voix lasse. Des fois,
5 en cours, je me demande vraiment ce que je fais là.

– Je t'ai entendu dire la même chose des dizaines de fois en métropole !

– Mais les gamins s'en fichent de ce que je leur raconte… Et ils ont bien raison !

10 – Tu leur apprends le français, et ça leur sera très utile plus tard.

– Utile ! Utile à quoi ? À pointer à l'ANPE en métropole ou à la Réunion ? Même pour ceux qui iront jusqu'au bac, qu'est-ce qu'ils en feront ensuite ? Tu crois qu'on les attend les bras
15 ouverts en métropole, les jeunes Mahorais ? À Béthune, où il n'y a déjà pas de boulot pour les gamins du coin ? Là-bas, ils seront complètement décalés, à la traîne ! Personne n'a le droit de le dire, mais c'est un enseignement de français seconde langue, qu'on leur donne !

20 – Et alors ? C'est mieux que rien, non ?

– Je ne sais pas. Est-ce qu'ils n'étaient pas mieux sans nous ? Sans l'envie de vivre comme nous, d'avoir un téléphone portable, des fringues de marque, une télé à écran plat ?

– Regarde dans les autres îles des Comores ! a argumenté
25 mon père. Elles sont indépendantes, et résultat, il y règne une telle misère qu'ils veulent tous venir ici. Ce n'est pas pour faire du tourisme que les Anjouanais essayent coûte que coûte de venir à Mayotte !

Ma mère ne devait pas avoir l'air convaincu, et mon père a
30 continué :

---

2 **passionné** *ici* : très intéressé par ce qu'il fait – 2 **dévoué** toujours prêt à aider –
3 **formidable** fantastique – 4 **las** [la] fatigué – 8 **se ficher de qc** *ici* : ne pas s'intéresser
à qc – 12 **pointer** *ici* : stempeln gehen – 12 **l'ANPE** *f* Agence Nationale Pour l'Emploi,
organisme qui aide les personnes à trouver du travail – 13 **le bac** *fam* le baccalauréat –
16 **du coin** qui vivent à l'endroit dont on parle – 17 **décalé** pas à sa place – 17 **à la traîne**
en retard, qui a du mal à comprendre – 25 **indépendant** caractéristique d'un pays qui
décide tout seul de sa politique – 25 **il y règne** il y a

– Tu crois que la gamine dont tu m'as parlé, là... Comment elle s'appelle, déjà ?

– Moina.

– C'est ça. Tu crois que Moina, elle vivrait mieux sans la France ?

À l'époque, je ne savais pas qui était Moina mais depuis, j'ai appris que c'était une élève de troisième qui s'était fait chasser de chez elle parce qu'elle avait refusé de coucher avec son oncle.

Avant de quitter Béthune, papa et maman avaient fait circuler un guide touristique sur Mayotte, et je me souviens y avoir lu un chapitre consacré à la place de la femme dans la société mahoraise qui, bien qu'étant française, est musulmane et polygame. J'y avais découvert que les hommes peuvent y avoir plusieurs épouses, plusieurs familles et, qu'en conséquence, ils sont pour la plupart des maris et des pères absents. Pourtant, il était précisé que les femmes tiennent dans l'île un rôle très important et très fort, qu'elles ne sont pas voilées et affichent une liberté de pensées et de mœurs qui n'a rien à envier à la métropole.

Ce qui, visiblement, n'empêche pas les cas tragiques, surtout chez les jeunes filles qui, dans certaines familles, subissent l'inceste. Moina était l'une d'elles, qui avait fini par se rebeller et avait donc été chassée de la maison familiale, se retrouvant à la rue et sans argent, au point que ma mère, qui était sa prof de français et était devenue sa confidente, en avait perdu le sommeil pendant des semaines.

– Je lui parle de liberté, a répondu ma mère, du respect que lui doivent les hommes, de contraception... Tout ce qui nous paraît évident chez nous mais qui se heurte à toutes les lois

---

7 **se faire chasser** être obligé de qn de partir – 12 **un chapitre** Kapitel – 12 **consacré** qui concerne – 15 **une épouse** Ehefrau – 15 **en conséquence** donc – 18 **voilé** qui porte un foulard (Kopftuch) – 18 **afficher** montrer – 19 **les mœurs** *fpl* façon de vivre d'une personne ou d'un groupe – 23 **se rebeller** ≠ accepter – 24 **familiale** de la famille – 26 **un confident** personne à qui on peut tout dire – 30 **se heurter** *ici* : aller contre, être contraire

et les traditions d'ici ! Est-ce qu'elle va gagner cette liberté, ou est-ce qu'elle va juste devenir une paria chez elle ?

Il y a eu un instant de silence, puis mon père a dit :

– Tu es fatiguée, ma chérie.

5 La voix de ma mère avait tremblé quand elle avait prononcé sa dernière phrase. Depuis le jour de notre arrivée sur l'île, elle ne s'y était pas plu, et cela n'avait fait qu'empirer, malgré les virées sur le lagon le week-end, la plongée sous-marine, les soirées au Barfly.

10 – Je ne suis pas à ma place ici, a-t-elle encore dit. Ni avec les blancs ni avec les Mahorais.

Le lendemain, mon père nous a annoncé que nous allions nous offrir un week-end bien mérité à la pointe sud de l'île, dans un hôtel situé sur la plus belle plage de Mayotte : 15 N'Gouja.

Je n'avais pas encore eu l'occasion de visiter le sud de l'île qui est nettement plus sauvage et plus beau que le reste. « Le jardin Maoré », l'hôtel qui bordait la fameuse « plus belle plage de l'île », se trouvait en pleine nature, entouré d'arbres 20 dans lesquels étaient visibles de nombreux makis, dont ma sœur est aussitôt tombée amoureuse. Mon père nous avait réservé deux bungalows, un pour lui et maman, un pour moi et Lydie. C'était des petites maisons de poupées en bambou et feuilles de bananier, disséminées le long de la plage sous 25 d'impressionnants baobabs aux troncs lisses et argentés.

La plage était magnifique, sauvage à l'exception d'un élégant ponton qui s'avançait dans une eau d'un bleu irréel. C'est de là que j'ai vu ma première raie qui donnait l'impression de voler dans la mer.

30 Nous avions apporté nos masques et nos tubas et n'avons pas tardé à piquer une tête. À seulement une trentaine de

7 **empirer** ≠ aller mieux – 8 **une virée** une promenade, un voyage rapide – 17 **nettement** beaucoup – 17 **sauvage** *ici :* où la nature est encore intacte – 25 **impressionnant** *ici :* très gros, très grand – 25 **un tronc** Stamm – 25 **lisse** glatt – 27 **s'avancer** aller jusque – 28 **une raie** Rochen – 30 **un tuba** *ici :* Schnorchel – 31 **piquer une tête** plonger – 31 **une trentaine** environ trente

mètres du bord se trouvaient les tombants et, brusquement, l'eau peu profonde devenait un sublime récif corallien surpeuplé de poissons. Mais c'est au retour vers le bord, alors que le soir n'était plus loin, que la plus belle surprise

5 m'attendait. Je nageais tranquillement quand un drôle de bruit tout proche m'a fait sursauter, quelque chose qui ressemblait à la respiration de Dark Vador. Mon cœur a fait un bond dans ma poitrine : une bête plus grosse que moi me faisait face, qu'une fois calmé, j'ai pu identifier comme étant une tortue de mer.

10 Je me suis mis à nager à ses côtés. Gracieuse malgré sa taille, elle broutait une algue verte qui recouvrait le fond marin et remontait de temps en temps à la surface pour respirer en faisant le bruit qui m'avait fait sursauter.

Une grande sérénité m'a alors gagné, sans doute celle de

15 cette énorme tortue que plusieurs autres n'ont pas tardé à rejoindre.

Je suis resté dans l'eau jusqu'à la tombée du jour, à nager avec elles, le cœur gonflé par le sentiment d'être en train de vivre un moment unique et celui d'avoir pour de bon rejoint le

20 paradis sur Terre.

Le lundi suivant, au collège, tellement excité par cette expérience magique, j'ai raconté ma rencontre avec les tortues de mer à mes camarades. Stupéfait, j'ai découvert qu'aucun d'entre eux n'en avait jamais vu, et que la présence des tortues

25 sur certaines plages de l'île était à leurs yeux une sorte de légende.

Aucun Mahorais n'avait les moyens, et n'aurait même eu l'idée de s'offrir une nuit dans l'un des hôtels de luxe qui bordaient les plus belles plages de son île natale.

---

2 **sublime** magnifique, superbe – 2 **un récif corallien** groupe de coraux – 3 **surpeuplé** ≠ vide – 6 **faire sursauter** prendre par surprise, surprendre – 7 **Dark Vador** nom français de « Darth Vader » – 9 **calmé** → le calme – 11 **brouter** *pour un animal* manger de l'herbe – 18 **gonflé** *ici :* plein – 21 **excité** ≠ calme – 23 **stupéfait** très surpris – 24 **la présence** le fait d'être là – 29 **natal** là où l'on est né

4

En quelques mois, Françoise Garcin était devenue bien plus que ma documentaliste. Moi qui n'avais jamais aimé les livres, je m'étais mis à en lire un ou deux par semaine et me rendais au CDI de mon collège à la moindre occasion. CDI dans
5 lequel il n'y avait d'ailleurs pas beaucoup d'ouvrages, faute de moyens, et parce qu'à Mayotte, les livres sont beaucoup plus chers qu'en métropole.

En vérité, le CDI et les romans étaient mon refuge, et le naturel de Françoise, aussi. Tout le monde l'aimait au collège,
10 Mahorais ou wazungu, élèves ou professeurs, parce qu'elle était franche et simple, et que se dégageait d'elle une assurance que l'on ne trouve que chez ceux qui se sentent à leur place dans le monde. Et du nombre d'enseignants métropolitains que j'ai croisés à Mayotte, elle était la seule à ne pas être de passage, à
15 avoir fait sa vie sur cette île, à y avoir un passé et un avenir.

Un soir, nous nous sommes retrouvés une fois de plus assis l'un à côté de l'autre au Barfly à écouter parler les autres. Je ne l'y avais jamais croisée depuis la première fois et j'avais l'impression de n'être plus le même que ce soir-là, quelques
20 jours seulement après notre arrivée sur l'île. Un an avait passé. J'avais treize ans, dont un à Mayotte, qui compte au moins double ! Nous revenions de deux semaines de vacances sur l'île de la Réunion – avec randonnées dans les cirques volcaniques et jusqu'au sommet du Piton de la Fournaise – et de huit jours
25 de plage sur l'île Maurice. La rentrée n'était plus loin. Ma deuxième rentrée à Mayotte, et j'étais assis face à un jeune couple d'enseignants qui avaient atterri la veille à l'aéroport de Pamadzi et qui, les traits tirés, paraissaient aussi bien dans

---

4 **le CDI** le Centre de Documentation et d'Information – 4 **à la moindre occasion** le plus souvent possible – 5 **un ouvrage** *ici :* un livre – 8 **en vérité** en réalité – 11 **franc** qui dit ce qu'il pense – 11 **se dégager de** venir de – 14 **croiser** rencontrer – 23 **une randonnée** Wanderung – 24 **un sommet** *ici :* le point le plus haut de qc – 27 **atterrir** *ici :* arriver en avion – 28 **les traits tirés** très fatigué

leurs baskets qu'un lièvre unijambiste le jour de l'ouverture de la chasse. Mon père pérorait, intarissable sur la vie mahoraise, les mœurs et coutumes de l'île, donnant l'impression d'y être installé depuis au moins dix ans.

5   J'ai croisé le regard de Françoise et nous n'avons pas eu besoin de mots pour nous comprendre. Je me suis souvenu de ceux qu'elle m'avait glissés à l'oreille un an plus tôt et j'ai souri : mes parents, avec l'arrivée des nouveaux, venaient de monter en grade. Même maman, pourtant toujours aussi mal
10 à l'aise à Mayotte, ne pouvait s'empêcher de noyer les arrivants de conseils. Pourtant, sa voix était fébrile, nerveuse. Je la savais nostalgique de la métropole et, malgré le prix exorbitant des communications, elle appelait mamie au téléphone de plus en plus souvent. Dès qu'elle rentrait du collège, elle se connectait
15 au Net pour écrire à ses copines. Nous devions passer le Noël suivant à Béthune, et ma mère ne vivait plus que dans l'attente du départ.

Je crois que nous avons senti une forme de soulagement quand, quelques jours avant Noël, l'avion a décollé du tarmac
20 de Pamandzi. Pour la première fois depuis un an et demi, nous allions quitter l'Océan Indien. Nous retournions à la maison, en métropole, en hiver.

Et par miracle, il y avait de la neige à Béthune. Pas beaucoup, une fine couche qui n'a tenu que quelques heures, mais qui
25 nous a émus, nous qui venions d'une île où il ne fait jamais froid. Et c'est en voyant la neige, en sentant mon corps se rétracter au contact de l'air hivernal, en m'amusant, pour la première fois depuis des mois, de voir de la buée sortir de ma

---

1 **un lièvre** Hase – 1 **unijambiste** qui n'a qu'une jambe – 2 **pérorer** parler beaucoup en montrant qu'on est très important – 2 **intarissable** *ici :* qui a toujours qc à raconter – 3 **une coutume** une tradition – 7 **glisser à l'oreille** dire qc à qn de façon discrète – 7 **plus tôt** *ici :* avant – 10 **noyer de conseils** donner beaucoup trop de conseils – 11 **fébrile** ≠ calme – 12 **exorbitant** très cher – 18 **un soulagement** le fait de se sentir mieux – 19 **décoller** quitter le sol (Boden) – 23 **la neige** elle est blanche et tombe en hiver – 25 **émouvoir** donner à qn des émotions fortes – 27 **se rétracter** *ici :* qui devient plus serré (eng) à cause du froid – 28 **la buée** Hauch

bouche que j'ai compris combien la succession des saisons m'avait manqué, là-bas. Même si j'avais fini par ressentir la différence entre les saisons à Mayotte, cela ne pouvait se comparer avec la métropole. Le froid, le vrai, les arbres sans
5 feuilles, le givre, la neige, la percée des jonquilles, le vert tendre des premières feuilles, les arbres en fleurs, puis en fruits, les longues soirées d'été, les feuilles qui roussissent, les marrons qui tombent. Autant de choses que j'avais à peine regardées durant les douze premières années de ma vie et qui, soudain,
10 me semblaient des trésors.

La famille nous a fait la fête. Mes grands-parents nous reconnaissaient à peine, Lydie et moi, tant nous avions grandi. Eux aussi avaient beaucoup changé, mais nous nous sommes bien gardés de le leur dire. C'est une chose étrange que de ne
15 pas voir les siens pendant des mois, d'interrompre la routine. Sans doute, si nous ne les avions jamais quittés, ma sœur et moi ne nous serions pas aperçus que nos grands-parents avaient vieilli, alors que là, c'était saisissant au premier regard.

De même, un gouffre s'était creusé entre mes amis et moi.
20 Je comptais beaucoup sur ces retrouvailles, et j'étais terriblement impatient de revoir Baptiste et Nico. Mais la vie avait poursuivi son chemin, et si nous nous étions quittés les meilleurs amis du monde, à la vie à la mort, nous nous retrouvions des presque-étrangers sans un souvenir en
25 commun depuis un an et demi, qui avions quitté l'enfance pour l'adolescence en empruntant des chemins différents.

Sans doute étais-je revenu « au pays » comme un héros, persuadé que les copains d'avant n'avaient pas cessé de penser à moi, le grand aventurier parti vivre au bout du monde ?
30 Certainement avais-je espéré qu'ils allaient me bombarder de

---

1 **une succession** une suite de choses, de faits, d'événements… – 4 **se comparer** sich vergleichen – 5 **le givre** la rosée (Tau) du matin changée en glace – 5 **une jonquille** Osterglocke – 7 **roussir** *pour une feuille d'arbre* prendre une couleur d'automne –
8 **autant de** so viele – 10 **un trésor** Schatz – 12 **grandir** prendre de l'âge – 18 **vieillir** devenir vieux – 20 **les retrouvailles** fpl → se retrouver – 21 **terriblement** très –
21 **impatient** qui a du mal à attendre – 28 **persuadé** sûr – 29 **un aventurier** personne qui recherche l'aventure – 30 **bombarder qn de questions** poser beaucoup de questions à qn

questions sur Mayotte, ma vie là-bas, les baleines, les insectes, les baobabs ? Mais Baptiste et Nico avaient simplement continué leur vie pendant ce temps, et se moquaient tout autant de Mayotte qu'avant mon départ ! Ils n'étaient pas plus
5 curieux de ce que j'avais vécu depuis que nous nous étions quittés que moi de leur propre existence durant cette année et demie à Béthune. Et très vite, nous n'avons plus su quoi nous dire.

J'avais perdu le fil de la vie métropolitaine. Je ne connaissais
10 plus le nom des héros de série de télé à la mode, celui des groupes qui faisaient fureur… Je ne connaissais pas les codes qui avaient remplacé ceux du temps où je vivais à Béthune, la manière de s'habiller, de se coiffer ou même de se dire bonjour en s'effleurant les mains puis en se cognant les poings l'un
15 contre l'autre. Je n'étais pas un collégien d'ici.

Nous n'avions plus notre appartement, à Béthune, et pendant toutes les vacances de Noël, nous avons logé chez mamie. Pépé, le père de papa, nous a rejoints pour le 25 décembre, et lui aussi avait beaucoup vieilli. Veuf depuis des
20 années, il vivait en Eure-et-Loir, dans un petit village perdu au milieu des champs beaucerons. C'était un homme discret, petit et peu bavard que j'avais toujours trouvé beaucoup moins marrant que mes grands-parents maternels, et surtout moins que mamie qui était vraiment une grand-mère hors
25 catégorie, faisant extrêmement bien la cuisine, couvrant ses petits-enfants de cadeaux, les emmenant à Paris pour leur anniversaire, à Lille ou Bruxelles pour leur fête…

Ce Noël des retrouvailles, à ses yeux, devait être exceptionnel. Et il l'a été.
30 Une table de conte de fées, un menu de rois – fruits de mer, foie gras, saumon fumé, chapon, bûche au chocolat –, un

---

6 **propre** *ici :* à soi – 12 **remplacer** prendre la place de qn/qc – 14 **un poing** Faust –
19 **un veuf** un homme dont l'épouse est morte – 21 **beauceron** qui vient de la Beauce,
une région française – 23 **maternel** → mère – 24 °**hors catégorie** *ici :* le meilleur –
28 **exceptionnel** fantastique – 30 **un conte de fées** histoire/légende pour les enfants –
31 **le foie gras** Gänseleberpastete – 31 **le saumon fumé** Räucherlachs – 31 **un chapon**
sorte de gros poulet – 31 **une bûche** *ici :* gâteau des fêtes de Noël

sapin de Noël qui touchait presque le plafond du grand hall de la maison avec à ses pieds un amoncellement de paquets-cadeaux multicolores.

Le soir, Lydie et moi étions saoulés de nourriture et de jeu,
5 de rires et de la chaleur artificielle mais douce du chauffage central. Et nous nous sommes couchés groggy, hilares de nous blottir sous une lourde couette et sans le ronron incessant de la climatisation.

Si je n'étais pas parvenu à renouer mon amitié avec Baptiste
10 et Nico, j'avais replongé instantanément et avec gourmandise dans mon enfance familiale. Sans doute parce que c'était Noël et que mes grands-parents avaient tout fait pour reproduire à l'identique les nombreuses fêtes passées dans cette même maison, mais surtout parce que eux, à la différence de mes
15 anciens copains, n'avaient pas changé malgré les marques du temps sur leur visage.

Pas une seconde dans les jours de vacances qu'il nous restait, je n'ai pensé à Mayotte, à mes camarades de classe de là-bas, à la saison des pluies.
20 Ce n'est qu'à l'aéroport que j'ai senti mon cœur se serrer. Mais pas de tristesse, ni de l'inquiétude que j'avais sentie lors de notre premier départ. Cette fois, je savais ce qui m'attendait, je connaissais ma vie là-bas. J'étais seulement ému de partir loin de « chez moi », de mettre entre mes grands-parents et
25 moi non seulement des milliers de kilomètres mais un monde.

Maman était effondrée en embarquant dans l'avion. Je crois que ces vacances à Béthune lui avaient fait plus de mal que de bien. Pour elle, retourner à Mayotte semblait une torture, et ses au revoir à l'aéroport sonnaient comme des adieux.

---

2 **un amoncellement** beaucoup de choses les unes sur les autres – 3 **multicolore** de toutes les couleurs – 4 **saoulé de nourriture** qui a beaucoup trop mangé – 4 **la nourriture** qc à manger – 5 **artificiel** ≠ naturel – 5 **le chauffage central** Zentralheizung – 6 **hilare** très heureux, euphorique – 7 **une couette** Daunendecke – 7 **un ronron** le bruit d'une machine – 7 **incessant** sans fin – 9 **renouer** ici : erneut schließen – 10 **replonger** ici : revenir – 10 **instantanément** tout de suite – 10 **la gourmandise** ici : le plaisir – 21 **lors de** au moment de – 26 **effondré** ≠ euphorique – 26 **embarquer** monter dans un véhicule – 28 **une torture** Folter

C'était la période la plus dure de l'année sur l'île. La pire saison, encore pour quelques semaines jusqu'au début de l'hiver austral. Pourtant, j'ai nettement mieux supporté ce climat étouffant de chaleur et d'humidité que l'année précédente.

5 C'est comme lorsque l'on fait en voiture ou à pied un chemin pour la première fois et qu'il nous semble très long. La fois d'après, parce que l'on sait où l'on va, que l'on a des points de repère, le même itinéraire donne l'impression d'être beaucoup plus court. Je savais ce qui m'attendait jusqu'au mois d'avril, et

10 surtout qu'ensuite les températures baisseraient sensiblement, tout comme le taux d'humidité. Je m'acclimatais.

Françoise nous a invités à déjeuner chez elle un dimanche. Madjini, son mari, m'a tout de suite plu, et aussi leurs enfants, Maxime, treize ans, et Lucie, quinze, si jolie que je n'ai pas osé

15 dire un mot du déjeuner.

Madjini était l'un des très rares professeurs de lycée mahorais et, comment l'éviter quand quatre enseignants sont réunis autour d'une table, la conversation s'est mise à tourner autour du monde « merveilleux » de l'éducation.

20 – J'enseigne l'anglais, a dit Madjini. C'est la matière dans laquelle les jeunes Mahorais se débrouillent le mieux. Vous, en lettre, c'est une autre affaire.

– Quand on pense qu'on fait étudier Camus au lycée ! a dit mon père. Comment voulez-vous que des gamins d'ici

25 y comprennent quelque chose ? Mais c'est le programme national !

– Le pire, c'est à l'école primaire, a expliqué ma documentaliste. Les gosses parlent à peine le français et on leur fait faire des dictées d'après des textes métropolitains.

30 Ils ne connaissent pas la signification de la moitié des mots !

---

1 **une période** un temps – 3 **supporter** vertragen – 5 **lorsque** quand – 8 **un point de repère** permet de reconnaître où on est – 8 **un itinéraire** un chemin – 10 **sensiblement** *ici :* assez pour qu'on le remarque – 11 **le taux** le niveau – 14 **oser** prendre le risque – 19 **merveilleux** fantastique – 27 **l'école primaire** *f* pour les enfants de six à onze ans – 29 **une dictée** un exercice où les enfants doivent écrire ce que dit le professeur sans faire de fautes

Simplement parce que ça leur parle de marronniers, de sapins, de faisans, d'écureuils et qu'ils n'en ont pas ici !

– On retrouve le même problème au collège, a dit mon père. J'ai un collègue qui a dû donner à ses élèves, pour le brevet, un sujet sur le réveillon de Noël ! À des musulmans !

– Et les élus clament que 80 % des élèves doivent aller jusqu'au bac ! a ajouté ma mère. C'est de la pure démagogie ! Je ne comprends pas ce qu'on fait ici.

Françoise lui a souri.

– C'est une question que chaque enseignant se pose un jour. Et il n'y a pas qu'une réponse. Elle dépend de chacun.

Il y a eu un silence, et mon père a demandé à Madjini où il avait fait ses études.

– La Réunion pour le bac, et ensuite en métropole, à Lyon.

– C'est là qu'on s'est rencontrés, a poursuivi Françoise.

– Ça n'a pas dû être simple ?

Madjini a souri.

– Nous deux, ça a été très simple immédiatement. Mais pas avec la famille.

– Vos parents l'ont mal pris ? a aussitôt demandé ma mère à Françoise.

– Mes parents ? Pas du tout ! C'est la famille de Madjini qui a posé problème. Que leur fils veuille épouser une blanche était une véritable honte !

À la fin du repas, Françoise a proposé à mes parents que Lydie et moi venions passer le week-end suivant chez eux, pour faire vraiment connaissance avec leurs enfants.

Et une semaine plus tard, ces deux jours passés en compagnie de Françoise et de sa famille furent, depuis près de deux ans, mes premiers vrais moments de vie mahoraise. Pas de plongée sous-marine, pas de virée en bateau à moteur…

---

1 **un marronnier** Kastanienbaum – 2 **un écureuil** Eichhörnchen – 4 **le brevet** *ici :* un examen à la fin de la troisième – 5 **le réveillon de Noël** le soir avant Noël – 11 **dépendre** changer selon la personne – 23 **épouser** prendre un homme ou une femme pour époux/se – 24 **véritable** → vrai – 29 **en compagnie** avec

Ma sœur et moi avons suivi le rythme de vie de nos guides : Maxime et Lucie que je trouvais de plus en plus belle. Sa peau café au lait faisait ressortir le vert lagon de ses yeux et j'avais du mal à ne pas la dévisager sans cesse. Nous avons vadrouillé
5 tous les quatre, sans la surveillance des adultes, dans la brousse, en ville, sur les plages, joué au foot avec des jeunes de leur quartier, écouté de la musique, regardé la télé. Nous avons simplement pris du bon temps sans nous poser de questions sur où nous étions et qui nous étions, pour la première
10 fois depuis mon arrivée sur l'île. Et c'est en vivant enfin normalement à Mayotte que j'ai compris que c'est parce que je connaissais si mal la vie sur cette île que, inconsciemment, elle me faisait peur.

Le samedi soir, nous avons dîné en ville avec les parents de
15 Maxime et de Lucie dans un mamasbrochettes, restaurant en plein air où nous avons mangé, installés sur des bancs et des tréteaux, des brochettes de zébu accompagnées de bananes et de manioc frits.

Madjini nous a parlé de son enfance à Mayotte, à une
20 époque où Mamoudzou était un petit village, sans ces cases plantées partout et n'importe comment qui s'étirent sur des collines déboisées dont les pluies ravinent la terre rouge. Un temps où il n'y avait presque pas de voitures, où les routes carrossables ne faisaient pas encore le tour de l'île, où on ne
25 faisait pas trois quarts d'heure de queue à la station-service, doublés par des piétons, dont de nombreux enfants que l'on voit marcher ensuite le long de la route, un jerrican plein sur la tête. Il a parlé de la rapidité de l'évolution de son île, de l'arrivée des supermarchés, des marques métropolitaines, des
30 téléphones portables.

– Avant l'arrivée des métros, a-t-il précisé, et c'est valable pour l'ensemble des îliens, que ce soit les Guadeloupéens,

---

4 **vadrouiller** se promener – 5 **un adulte** ≠ un enfant – 14 **dîner** manger le repas du soir – 17 **un tréteau** Bock – 21 **s'étirer** sich strecken – 22 **une colline** Hügel – 22 **déboisé** où on a coupé tous les arbres – 22 **raviner** creuser – 23 **une route carrossable** route sur laquelle on peut rouler en voiture – 26 **doublé** überholt – 27 **un jerrican** Benzinkanister – 31 **valable** vrai

des Tahitiens, les Réunionnais, tous étaient des peuples de marcheurs. Des marcheurs, des cueilleurs et des pêcheurs. Le lagon est plein de poissons et la brousse regorge de fruits. Il y a vingt-deux sortes de bananes différentes sur l'île ! Tout
5 ce petit monde, maintenant, fait la queue au supermarché. Et comme en métropole, ils ont besoin d'une voiture pour s'y rendre ! Et les mêmes, ensuite, parce qu'ils l'ont toujours fait, et leurs parents avant eux, jettent leurs détritus par la fenêtre de la case, par habitude mais aussi par tradition car en jetant
10 ce qu'on ne consomme pas, on peut en faire profiter un autre être vivant. Sauf que le plastique a remplacé les matières biodégradables, que les boîtes de soda ont fait leur apparition, et que l'île croule désormais sous ses déchets !

Madjini nous a aussi expliqué comment fonctionnaient les
15 taxis brousse qui s'arrêtent n'importe où et prennent plusieurs clients à la fois, et comment on fait du stop sur l'île : main ouverte si on veut être pris gratuitement, main fermée si l'on est prêt à payer pour le service.

J'ai aimé aussi quand ils ont parlé de leur difficulté à faire
20 accepter leur couple mixte, autant dans le cercle familial que dans celui des amis, Mahorais comme Métropolitains. J'avais l'impression de soudain mieux comprendre ma vie ici, ma position, celle de mes parents.

Je suis revenu de ce week-end avec l'impression d'être
25 changé, d'avoir grandi. Cette sensation avait sans doute à voir avec ce qui s'était passé entre Lucie et moi, le dimanche soir avant que mes parents viennent nous chercher.

Lydie et Maxime jouaient au rez-de-chaussée, et j'écoutais de la musique dans la chambre de Lucie. Je ne sais comment,
30 mais nous en étions venus à parler des relations entre les garçons et les filles. Lucie avait deux ans de plus que moi, et

---

2 **un marcheur** une personne qui marche – 2 **un cueilleur** une personne qui prend des fruits sur les arbres – 3 **regorger** être plein – 12 **biodégradable** qui se détruit de lui-même sans polluer – 12 **une boîte de soda** Getränkedose – 12 **faire son apparition** arriver – 13 **crouler** *ici :* être couvert de – 13 **désormais** maintenant – 13 **les déchets** *mpl* ce qui va à la poubelle – 20 **mixte** *ici :* avec deux personnes d'origine différente – 20 **le cercle familial** la famille – 28 **le rez-de-chaussée** Erdgeschoss

elle se jouait de ma naïveté et du fait qu'elle avait tout à fait conscience que j'étais tombé sous son charme.

– Ici, les filles sont considérées comme des femmes dès la puberté, tu sais ? m'a-t-elle dit.

J'ai fait oui de la tête d'un air assuré alors que je n'étais pas très sûr de savoir comment la puberté se manifestait chez les filles.

– La vie sexuelle commence beaucoup plus jeune qu'en métropole.

J'ai dégluti, incapable de dire un mot.

– Mais attention, les filles doivent arriver vierges au mariage. Sauf qu'on se marie beaucoup plus tôt ! Mais une fille qui perd sa fleur est la honte de la famille et aucun garçon n'en voudra !

Même si je n'étais pas bien sûr de comprendre de que voulais dire « perdre sa fleur » pour une fille, je me suis senti rougir jusqu'aux oreilles.

Lucie a souri.

– Tu sais ce que c'est, « le gouroi » ?

– Non.

– C'est faire l'amour, mais sans pénétration. En se frottant seulement.

Cette fois, j'étais au bord de la crise cardiaque.

– Toutes les jeunes Mahoraises font ça, ici, jusqu'à ce qu'elles trouvent un garçon sérieux.

J'étais en apnée depuis trop longtemps quand, les yeux pétillants, elle m'a dit :

– T'as jamais vu une fille nue, toi !

Je suis resté la bouche ouverte, aussi muet que les tortues avec lesquelles j'avais nagé des mois plus tôt.

Alors Lucie s'est levée du lit sur lequel elle était assise et en deux mouvements, s'est retrouvée totalement nue devant moi.

---

2 **avoir conscience** savoir – 5 **l'air assuré** l'air d'être sûr de soi – 10 **déglutir** schlucken – 11 **vierge** qui n'a jamais fait l'amour – 20 **la pénétration** Eindringen – 20 **se frotter** sich reiben *ici :* sich (sexuell) stimulieren – 22 **une crise cardiaque** Herzinfarkt – 26 **pétillant** *ici :* funkelnd – 28 **muet** qui ne peut pas parler

Mon cœur battait si fort qu'il me faisait mal. Je n'avais rien vu d'aussi beau de ma vie. Ni d'aussi intimidant.

Nous sommes restés quelques instants sans bouger, Lucie me faisant face, son regard bien droit. Puis elle a brusquement remis ses vêtements et m'a dit, sans méchanceté mais avec amusement :

– Vous, les métros, vous ne savez vraiment pas y faire avec les filles. Vous êtes bien trop coincés. Vous en faites tout un plat !

---

2 **intimidant** einschüchternd – 8 **être coincé** *ici :* verklemmt sein – 8 **en faire tout un plat** en faire une grande histoire

5

Troisième rentrée à Mayotte. Nous en étions à la moitié de notre vie là-bas et quelque chose a changé. C'était notre troisième rentrée, et la suivante serait la dernière, avec l'avion au bout de l'année scolaire. Nous avions visité l'île dans tous
5 les sens et nous avons brusquement cessé de nous balader en famille. La routine s'était installée, qui est rapidement devenue de l'attente. Celle du départ, de la nouvelle vie en métropole qu'il fallait déjà organiser. C'était le seul sujet de conversation qui sortait maman de sa torpeur, de sa déprime. Elle était
10 devenue amère, toujours fatiguée, et accumulait les congés maladie. Je n'ai jamais compris pourquoi ils ont décidé, dans ces conditions, de rester quatre ans alors qu'ils auraient pu ne pas renouveler leur contrat au bout de deux. Maman n'en pouvait plus des tropiques, du climat, de la nourriture, de son
15 travail. Elle commençait même à laisser échapper des phrases franchement racistes au fil de ses conversations, et ce qui, des mois plus tôt, était des doutes sur sa mission à Mayotte devenait des affirmations négatives et méprisantes.

Papa et elle parlaient de plus en plus de la maison qu'ils
20 voulaient acheter dans le Nord. Ils rêvaient de Bondues, une petite bourgade à un quart d'heure de Lille, depuis qu'ils avaient eu la confirmation de leur mutation dans ce département. Ils faisaient des comptes, calculaient et recalculaient le montant de leur prime non imposable d'expatriés, l'additionnaient à
25 leurs économies, évoquaient les taux de prêt immobilier.

---

9 **la torpeur** la léthargie – 10 **amer** *ici* : triste et méchant – 10 **accumuler** *ici* : prendre toujours plus de qc – 10 **un congé maladie** l'ensemble des jours où l'on ne travaille pas parce qu'on est malade – 13 **renouveler** *ici* : verlängern – 15 **laisser échapper une phrase** dire qc sans avoir voulu le dire – 16 **franchement** vraiment – 18 **une affirmation** qc qu'on déclare – 18 **méprisant** verächtlich – 21 **une bourgade** un village – 22 **une confirmation** Bestätigung – 22 **une mutation** être envoyé pour son travail dans une autre ville – 24 **additionner** ajouter – 25 **un prêt immobilier** demander de l'argent à la banque pour acheter ou faire construire une maison

En métropole, mamie et Solenn, la meilleure amie de maman, avaient déjà pour mission de faire le tour des agences immobilières à la recherche de la maison de leur rêve. Par mail, ils recevaient de temps en temps des photos, des annonces qui, de plus en plus, occupaient toutes leurs pensées. Pour eux deux, Mayotte n'était déjà plus qu'un décor.

L'inverse était en train de se produire pour moi.

Le jour de ma rentrée en 4ᵉ, je me suis retrouvé assis à côté d'une Mahoraise qui avait deux ans de retard. J'en avais quatorze, elle seize. Elle s'appelait Zaïnaba et avait un visage rond, lunaire, qui s'éclipsait parfois derrière un sourire lumineux. Elle portait une tenue traditionnelle, noire et blanche, très élégante, et son parfum était fortement vanillé.

Zaïnaba parlait un français correct mais l'écrivait quasiment en phonétique, avec des fautes d'enfant de CE1. Elle ne retenait pas les cours d'histoire, de géographie et, en quelques semaines seulement, n'éveillait plus chez la plupart des profs que des haussements d'épaules et des soupirs exaspérés.

J'étais toujours un très bon élève, et j'ai eu envie de l'aider.

Zaïnaba était appliquée, elle voulait bien faire mais n'y parvenait pas. Pourtant, elle était vive, drôle, et bien mieux armée que moi pour affronter la vie. À seize ans, elle semblait une femme et je ne pouvais m'empêcher de me dire que son seul problème était sa présence dans ce collège.

À force de réviser ensemble, à l'heure du déjeuner, un peu le soir après les cours, nous sommes devenus amis. Plus que cela, sans doute. Le visage de Zaïnaba s'illuminait quand elle me voyait le matin et elle s'arrangeait pour ne pas me quitter de la journée. J'avais de l'affection pour elle, peut-être parce que j'aimais mon rôle de « soutien scolaire » qui me donnait

---

2 **une agence immobilière** vend des maisons ou des appartements – 7 **l'inverse** *m* le contraire – 11 **un visage lunaire** Mondgesicht – 11 **s'éclipser** disparaître – 17 **éveiller** faire apparaître – 18 **un °haussement d'épaules** Schulterzucken – 18 **un soupir** Seufzer – 18 **exaspéré** énervé – 22 **affronter la vie** se débrouiller seul – 27 **s'illuminer** *ici :* montrer de la joie – 29 **l'affection** *f* Zuneigung

l'impression d'être important, et plus âgé que je l'étais. C'était toujours mon grand problème vis-à-vis des autres collégiens : je me sentais un gamin, et j'avais honte de mon immaturité.

Un soir du deuxième trimestre, la veille d'un contrôle de 5 maths, Zaïnaba a insisté pour qu'on aille réviser chez elle. Elle était venue chez nous, connaissait Lydie, mais c'était la première fois que j'allais dans sa famille.

Entourés d'une clôture en palmes de cocotier tressées renforcée de plaques de tôles et de sacs de riz cousus entre eux, 10 les murs de la case principale étaient en torchis et son toit en tôles ondulées. Une femme était allongée sur le flanc, à même le sol de la véranda et quatre enfants entre un et cinq ans jouaient dans la terre rouge de la cour. L'un d'eux, d'environ un an et demi, est accouru de sa démarche encore hésitante 15 pour s'accrocher aux jambes de Zaïnaba qui l'a embrassé et lui a dit quelques mots en shimaoré.

– Tu as beaucoup de frères et sœurs ? j'ai demandé.

– En comptant les demis ?

– Les demis ?

20 – Mon père a quatre femmes et en tout, quinze enfants, ce qui me fait quatorze frères et sœurs si on compte les demis.

Elle s'est tournée vers la femme allongée et lui a dit une phrase qui lui a valu une réponse sèche que, bien sûr, je n'ai pas comprise.

25 – C'est ma mère, m'a expliqué Zaïnaba. Je lui ai dit que je devais faire mes devoirs. Normalement, c'est à moi de m'occuper des petits et de préparer le repas.

Dans la cour se trouvaient le coin toilettes et une douche qui me faisait penser aux westerns que j'avais vus à la télé où le 30 héros, abrité par une palissade de tôle, se renverse le contenu d'une citerne sur la tête.

---

3 **l'immaturité** f le fait de ne pas savoir se conduire en adulte – 8 **une clôture** une barrière – 8 **tressé** geflochten – 9 **renforcé** → fort – 9 **une plaque** Platte – 9 **le riz** Reis – 9 **cousu** genäht – 11 **la tôle ondulée** Wellblech – 11 **le flanc** le côté – 14 **une démarche** *ici :* → marcher – 14 **hésitant** *ici :* ≠ sûr – 23 **valoir** *ici :* einbringen – 30 **abrité** *ici :* qui est caché – 30 **une palissade** une barrière – 30 **se renverser** umkippen – 30 **un contenu** ce qui est à l'intérieur de qc

Il n'y avait pas l'eau courante dans cette partie du village mais par contre, j'ai vu une antenne parabolique fixée sur le tronc d'un cocotier. Après un poulailler et un garde-manger sur pilotis, se trouvait une case plus petite, couverte de palmes
5 de coco.

– C'est chez moi. Mes frères vivent dans leurs *bangas*, ailleurs dans le village.

– C'est quoi, ça, les *bangas* ?

– Des petites cases pour les jeunes ! Normalement, c'est que
10 pour les garçons, mais comme, sauf les petits, il n'y a plus que des filles à la maison et que je suis la plus grande, j'ai réussi à m'installer là. Dans la grande case, y'a que deux *fukos* : la chambre de l'homme, qui donne sur la rue, et la chambre de la femme, côté cour. Mon père passe une fois par mois, des fois
15 deux.

Il n'y avait qu'une pièce dans le banga de Zaïnaba. Le sol était en terre battue, les murs en torchis.

– Ça te plaît ? m'a-t-elle demandé en refermant la porte derrière elle.

20 Mes yeux ont mis du temps à s'habituer à la soudaine pénombre mais oui, l'endroit me plaisait, sa relative fraîcheur, la lumière qui filtrait à travers le tissu coloré qui occultait l'unique fenêtre, le tissu chamarré qui recouvrait le lit… Puis j'ai regardé Zaïnaba et me suis senti rougir tant elle me
25 fixait avec intensité. Elle m'a souri, mais pas de sa manière habituelle ; il y avait quelque chose de nouveau dans son regard, ou plutôt que je n'avais pas encore su voir. Car si je ne le comprenais qu'à l'instant, il était soudain évident que Zaïnaba était amoureuse de moi depuis le premier jour.

30 J'ai oublié la note catastrophique que nous avons obtenue, le lendemain, au contrôle de maths, mais rien des minutes qui

---

1 **l'eau courante** f l'eau qui arrive directement à la maison – 2 **une antenne parabolique** une antenne ronde qui permet de recevoir un signal satellite – 2 **fixé** attaché – 3 **un poulailler** l'endroit où vivent les poules – 4 **un pilotis** Pfahl – 21 **la pénombre** → l'ombre f – 22 **occulter** cacher – 25 **fixer** regarder – 26 **habituel** → une habitude

ont suivi mon entrée dans la chambre de Zaïnaba. Pas les mots prononcés, ni le détail des gestes faits, mais les sensations de peur, de panique, d'euphorie, de plénitude qui se sont bousculées en moi.

5   Zaïnaba s'est mise nue. Mais pas comme Lucie des semaines plus tôt : beaucoup plus nue, vraiment nue, pas pour se jouer de moi ni jouer avec moi. Pas pour « le gouroi » mais bien pour l'amour. J'étais incapable du moindre geste, c'est elle qui m'a déshabillé puis m'a guidé en elle.

10 À peine vingt secondes plus tard, elle a éclaté de rire, mais sans aucune méchanceté ni moquerie. Simplement, naturellement, elle a dit :

– Avec vous, les blancs, au moins, c'est du rapide !

Sans doute avec n'importe qui d'autre aurais-je été
15 profondément humilié, au lieu de quoi j'ai ri à mon tour, me débarrassant ainsi de toutes mes inhibitions.

Alors, nous avons pu faire l'amour, et c'était comme si le monde se révélait à moi, la brume de l'enfance s'évanouissant à jamais.

20 Allongé à côté d'elle quelques minutes plus tard, nu et en sueur, je me donnais l'impression d'être le personnage de l'un de ces films où, toujours, le héros et l'héroïne se retrouvent dans un lit après l'amour, lui s'allumant une cigarette qu'elle lui emprunte avant de se lever et de se couvrir de sa chemise
25 d'homme trop grande.

Bien sûr, dans ces films, les murs ne sont jamais de torchis, et il n'y a pas de margouillats au plafond. Bien sûr, dans ces films, le héros est un homme, et non un gosse tremblant d'émotion.

On a frappé à la porte et la voix de la mère de Zaïnaba a
30 retenti, mal aimable.

---

3 **la plénitude** la satisfaction – 4 **se bousculer** sich drängen – 9 **déshabiller** enlever les vêtements – 10 **éclater de rire** se mettre à rire très fort – 15 **profondément** *ici :* très – 15 **humilié** gedemütigt – 16 **se débarrasser de qc** etw loswerden – 18 **s'évanouir** *ici :* disparaître – 29 **frapper à la porte** anklopfen – 30 **retentir** se faire entendre – 30 **aimable** gentil

Mon amante s'est aussitôt levée du lit, nue et superbe, et m'a dit qu'il fallait qu'elle aille s'occuper de son garçon.

Elle s'est rhabillée, m'a embrassé, m'a dit qu'elle m'aimait et est sortie. Mais je n'ai pas entendu cette déclaration d'amour
5 tant j'étais sous le choc des mots prononcés juste avant et que je venais à peine de comprendre : le garçonnet qui s'était jeté dans les jambes de Zaïnaba à notre arrivée était son fils. Zaïnaba ne m'a raconté que plus tard sa liaison avec un garçon qui n'était « pas sérieux », le déshonneur d'avoir perdu
10 sa virginité avant le mariage, l'accouchement à la maternité de Mamoudzou, l'établissement français où il y a le plus grand nombre de naissances par an. Le regard des hommes qui a changé sur elle, jusqu'à ceux de sa famille. Du jour au lendemain, elle était devenue une fille facile, une presque
15 putain, même aux yeux de sa mère.

Elle était en pleine contradiction. Pour elle, même après ce qui lui était arrivé, même après la naissance de son fils alors qu'elle n'avait pas encore quinze ans, si un garçon aime une fille, il doit lui faire un enfant. C'est la preuve ultime d'amour…
20 à condition, bien sûr, qu'il y ait mariage. Zaïnaba, comme beaucoup de jeunes femmes à Mayotte, ne voulait plus de la polygamie qui, d'ailleurs, est depuis peu officiellement interdite. En vérité, les hommes n'y tiennent pas non plus tant il est difficile de faire vivre plusieurs familles dans une île où le
25 taux de chômage est trois fois plus élevé qu'en métropole et le Smic deux fois plus bas. Zaïnaba rêvait d'un seul homme pour toute sa vie, aimant et fidèle.

Où me situais-je là-dedans ? J'étais incapable de seulement me poser la question. J'étais envoûté, par le corps de mon
30 amante et par ce qu'il faisait de moi. Par l'amour que je lisais

---

1 **un amant** → aimer – 6 **un garçonnet** un petit garçon – 8 **une liaison** une aventure amoureuse – 9 **le déshonneur** la honte – 10 **la virginité** → le fait d'être encore vierge – 10 **un accouchement** → accoucher – 15 **une putain** *vulg* une prostituée – 16 **une contradiction** Widerspruch – 19 **ultime** le plus grand – 25 **le chômage** le fait de ne pas avoir de travail – 26 **le Smic** *gesetzlicher Mindestlohn* – 27 **fidèle** *ici :* qui aime une seule personne – 28 **se situer** se trouver – 28 **là-dedans** *ici :* dans cette situation – 29 **envoûté** sous le charme

dans le regard de Zaïnaba, l'idée que j'avais été capable
d'éveiller ce mélange de tendresse et d'avidité qui compose le
désir.

J'étais accro à l'amour, à mon impression d'être un
5 homme, au plaisir que nous nous donnions, Zaïnaba et moi,
à l'infinité des sensations dont mon corps, mon cœur, mon
âme était soudain capable. J'avais enfin l'impression d'être
entier, moi-même, débarrassé de cette attente inconsciente
qui m'accompagnait depuis toujours. Plus rien d'autre que le
10 couple que je formais avec Zaïnaba ne m'intéressait, n'avait de
place en moi. Comment les cours, la vie de famille ou même la
mer, la pluie et le soleil auraient pu rivaliser avec ce qu'étaient
capable d'inventer nos deux corps enfiévrés ?

Mes résultats scolaires ont brusquement chuté et nous nous
15 sommes mis à sécher les cours pour faire l'amour, partout, tout
le temps.

Françoise s'est rapidement arrangée pour croiser mon
chemin.

– Je ne te vois plus souvent au CDI, Hugo.
20 – Je…

– Ne me mens pas. Pas à moi. Tu me prends pour une
idiote ?

Je n'ai pas su quoi répondre et Françoise a continué, sans
agressivité :
25 – Tu crois que je n'ai pas compris ce qui se passe avec
Zaïnaba ? Tu crois que tu es le premier petit blanc à succomber
au charme d'une jeune Mahoraise ?

Elle m'a souri.

– Je ne te fais pas de reproches, Hugo, je ne te juge pas.
30 C'est ta vie, et je n'ai pas mon mot à dire. Mais fais attention.
Ce n'est pas parce que tu y as passé deux ans et demi que tu
connais Mayotte. Que tu connais les Mahorais, et encore

---

2 **la tendresse** l'affection f – 2 **l'avidité** f le fait de désirer qc très fort – 4 **être accro**
ne plus pouvoir vivre sans qc – 6 **une infinité** unendliche Menge – 7 **l'âme** f Seele –
12 **rivaliser avec** être aussi important que – 13 **enfiévré** ici : brûlant d'amour – 14 **chuter**
ici : devenir plus mauvais – 15 **sécher les cours** ne pas aller en cours – 29 **un reproche**
une critique

moins les Mahoraises. Fais attention à Zaïnaba, elle a déjà pas mal souffert. Elle est folle de toi, ça saute aux yeux. Et ce n'est pas parce qu'elle a déjà un enfant, qu'elle a eu une sexualité précoce qu'elle n'a pas besoin d'amour. Ce serait une grave
5 erreur de penser cela.

– Mais je l'aime ! j'ai dit très sincèrement pour ma défense.

– Est-ce que tu l'aimes elle, ou est-ce que tu aimes l'amour ?

J'allais répondre mais elle m'en a empêché :

– C'est une question difficile, Hugo. Tu n'es pas obligé de
10 répondre. Je te crois, quand tu me dis que tu l'aimes. Je te crois sincère. Mais promets-moi juste de te poser cette question de temps en temps.

J'ai fait oui de la tête et Françoise a ajouté :

– Est-ce que vous vous protégez ?

15 J'ai aussitôt pensé au sida et elle a dû le comprendre.

– Je ne parle même pas du sida, Hugo ! Il y a aussi les bébés !

Je suis reparti, pensif. Même si tout mon corps me l'affirmait, étais-je vraiment amoureux de Zaïnaba ?

Je devais la rejoindre chez elle et j'ai salué sa mère quand je
20 suis entré. Elle était toujours allongée sous la véranda et s'était habituée à mes allées et venues. Elle me faisait un peu peur depuis que Zaïnaba m'avait expliqué qu'elle était envoûtée par un djinn, un esprit qui la faisait s'exprimer de temps en temps dans une langue inconnue. C'était un phénomène dont j'avais
25 déjà beaucoup entendu parler, les djinns étant très présents dans la culture mahoraise. Mais si j'en avais ri les premiers temps, n'y portant pas plus d'attention qu'aux farfadets ou korrigans que l'on trouve dans les contes métropolitains, je commençais à ne plus savoir quoi en penser depuis que
30 Zaïnaba elle-même m'avait expliqué avec le plus grand sérieux

---

2 **souffrir** leiden – 2 **sauter aux yeux** ce qui est évident – 4 **précoce** qui commence plus tôt que la normale – 15 **le sida** AIDS – 17 **pensif** qui réfléchit – 23 **un esprit** *ici :* sorte de kobold – 25 **présent** *ici :* qui est là – 27 **un farfadet** sorte de kobold – 28 **un korrigan** *dans la tradition bretonne* esprit méchant

qu'elle aussi avait un esprit qui, de temps en temps, venait lui jouer des tours.

Elle m'attendait dans sa case et j'avais bien l'intention de lui parler d'amour et de contraception, je ne savais pas dans quel
5 ordre.

Elle s'est jetée à mon cou et s'est déshabillée en me demandant si je ne la trouvais pas trop maigre. C'est à Mayotte l'inverse de la métropole : une jolie fille est une fille grosse, et les minces, ici, prennent de la périactine pour gagner du poids
10 et des formes, même si c'est une substance interdite.

Zaïnaba prenait des poses devant moi comme un mannequin sur un podium et je la trouvais parfaite, plus que cela, même. J'ai instantanément oublié mes questions, mes peurs, et l'ai entraînée sur le lit.

___

6 **se jeter au cou de qn** jdm um den Hals fallen − 7 **maigre** ≠ gros − 9 **mince** ≠ gros

6

Je suis passé de justesse en troisième, avec une moyenne catastrophique.

Mes parents étaient bien trop occupés par l'achat de la maison de leur rêve pour se rendre compte de quoi que ce
5 soit. Ils vivaient déjà dans le futur, en métropole, et c'était à peine s'ils me trouvaient changé, peut-être juste un peu plus désagréable qu'avant, ce qu'ils mettaient sur le compte de l'adolescence, cette « maladie » inévitable mais passagère qui faisait dire à ma grand-mère : « Ça lui passera avant que ça me
10 reprenne ! »

Lydie, elle, était censée être encore une charmante enfant. Elle avait onze ans et j'étais, semblait-il, le seul à voir qu'elle faisait maintenant semblant d'être charmante. Elle fayottait, et me tapait sérieusement sur les nerfs. En réalité, elle avait
15 commencé à perdre son naturel, son intérêt pour tout, son adoration pour nos parents. Elle avait commencé sa mue, l'abandon des ailes d'ange de l'enfance dont je m'étais débarrassé avec soulagement dans les bras de Zaïnaba.

La bombe a explosé un vendredi, entre une heure de maths
20 et une heure d'arts plastiques.

– Il faut que je te parle ! m'a dit Zaïnaba à voix basse.

Nous n'étions pas seuls, entourés des autres camarades de classes, marchant entre deux salles.

– J'attends un bébé.

25 J'ai immédiatement cessé de marcher. En quelques fractions de secondes, mon cerveau a fait une complexe gymnastique : Zaïnaba attendait un enfant, et donc, elle m'avait trompé avec un autre. J'ai aussitôt découvert la jalousie, la vraie, celle des

---

1 **de justesse** knapp – 3 **un achat** → acheter – 5 **le futur** l'avenir – 8 **inévitable** → éviter – 12 **semble-t-il** wie es scheint – 13 **fayotter** *arg* sich einschmeicheln – 14 **taper sur les nerfs** [nɛʀ] énerver – 15 **un intérêt** → s'intéresser – 16 **l'adoration** *f* → adorer – 17 **l'abandon** *m* le fait de laisser qc derrière soi – 25 **une fraction de seconde** un très court instant – 27 **tromper qn** *ici :* ≠ être fidèle – 28 **la jalousie** → jaloux

hommes et des femmes, pas celle des enfants qui veulent un cadeau ou un gâteau plus gros que leurs frères et sœurs. Mais cette brûlure intense et nouvelle n'a duré qu'un instant, le temps d'échanger un regard avec Zaïnaba et de comprendre
5   comme une foudroyante évidence que c'était de moi qu'elle était enceinte.

Elle me faisait face, souriante, et moi, je restais la bouche ouverte, au-delà des mots et des sentiments. Paralysé, sincèrement incapable de réfléchir, de parler, de souffrir ou de
10 me réjouir.

Je suis resté dans cet état d'hébétude durant toute l'heure suivante, assistant au cours sans l'entendre, répondant sans doute machinalement à la prof, à mon voisin de table…

Petit à petit, de premières sensations me sont venues, et
15 avec elles un profond malaise. Il me restait une heure d'anglais avant le déjeuner mais je n'ai pas eu la force d'y assister. Je suis parti, suis sorti du collège et j'ai marché le long de la route jusqu'à me retrouver sur une plage déserte au sable marron foncé.

20 Je n'étais pas préparé à ça. Rien de ma vie passée, de mon monde, ni mes parents ni mes amis ni mon éducation ne m'avaient préparé à ça. J'avais quinze ans et je venais d'être brutalement parachuté (mais sans parachute) dans un univers parallèle, une vie qui n'était pas censée être la mienne, ou
25 plutôt pas encore la mienne. Et c'était au-dessus de mes forces, au sens propre.

C'était impensable, et je comprenais soudain que j'avais encore inconsciemment, malgré tout ce qui s'était passé ces derniers mois, une image enfantine de moi-même. L'idée
30 d'être père ne m'avait tout d'abord même pas effleuré ! Comme

---

3 **une brûlure** → brûler – 4 **échanger un regard** se regarder dans les yeux un court moment – 5 **foudroyant** verblüffend – 6 **être enceinte** attendre un bébé – 8 **paralysé** qui ne peut pas bouger – 10 **se réjouir** être content – 11 **l'hébétude** f → bête – 12 **assister à** participer à – 13 **machinalement** automatiquement – 15 **un malaise** le fait de se sentir mal – 23 **être parachuté** être catapulté – 23 **un parachute** permet de sauter d'un avion – 26 **au sens propre** qui n'est pas une métaphore – 27 **impensable** impossible à imaginer

si, n'y étant pas près mentalement, mon corps, lui, n'en était pas capable !

La mer était paisible, immuable, insouciante, et j'ai eu envie de m'y baigner. J'ai ôté ma chemisette, mon pantalon et mes
5 tongs et, en caleçon, suis entré dans l'eau claire. Elle m'a semblé fraîche, moi qui, trois ans plus tôt, étais capable de me jeter dans l'eau à 17° de la Manche sans hésiter, je commençais à faire la fine bouche avec celle, à 27 ou 28, de l'océan indien.

J'ai nagé de longues minutes et cela m'a apaisé. J'ai pu enfin
10 commencer à réfléchir et toute la démesure de l'événement m'a pesé sur le corps.

Zaïnaba attendait un enfant de moi.

Je ressentais un curieux mélange de sensations fait de stupeur, de peur et d'une fierté instinctive et ridicule. Je me
15 suis mis sur le dos pour faire la planche, le visage plongé dans le bleu immaculé du ciel, et me suis reposé la question suggérée par Françoise : « Est-ce que tu l'aimes elle, ou est-ce que tu aimes l'amour ? »

La nouvelle de la grossesse de Zaïnaba avait dû brusquement
20 m'ouvrir les yeux et le cœur, car la réponse à cette question m'est aussitôt apparue : Non, je ne l'aimais pas vraiment, j'avais seulement été amoureux d'elle. Or, je le comprenais au même instant, être amoureux, même le plus sincèrement du monde, pouvait être un sentiment égoïste.
25 J'avais aimé l'amour avec Zaïnaba, physique bien sûr, mais pas seulement. J'avais aimé l'idée d'être amoureux d'elle et qu'elle le soit de moi. Le désir que nous avions l'un de l'autre, le plaisir que nos corps, comme par magie, étaient capables de se donner. J'avais aimé nos rendez-vous clandestins, cette

---

3 **paisible** calme – 3 **immuable** qui ne change pas – 3 **insouciant** *ici* : capable d'enlever les problèmes – 4 **ôter** enlever – 5 **un caleçon** sous-vêtement d'homme qui ressemble à un short – 9 **apaiser** calmer – 10 **la démesure** se dit de qc qui est énorme, bien trop important pour ses propres capacités – 11 **peser** *ici* : belasten – 14 **une stupeur** très grosse surprise – 14 **la fierté** → fier – 15 **faire la planche** *ici* : rester dans l'eau sur le dos, sans bouger – 15 **plongé** geheftet – 16 **immaculé** *ici* : sans trace d'une autre couleur – 19 **une grossesse** le fait d'être enceinte – 25 **physique** körperlich

sensation grisante de vivre enfin, qu'il se passe enfin quelque chose de fort dans ma vie, une chose qui ne venait pas de mes parents, n'avait rien à voir avec eux, avec leur vie, mais seulement avec la mienne. J'avais aimé être tendre avec mon
5 amoureuse, attentionné, fort parfois, dominant. J'avais adoré me sentir un homme auprès d'elle.

J'avais tout vécu intensément et sincèrement, généreusement, même, mais je n'aimais pas assez Zaïnaba pour envisager de partager le reste de ma vie avec elle ou d'être
10 le père de son enfant.

Des larmes se sont mises à couler de mes yeux pour se mêler à l'océan. Je pleurais de déception de moi-même et de honte de comprendre qu'inconsciemment, j'avais toujours considéré mon histoire avec Zaïnaba, à l'image de ma vie à
15 Mayotte, comme passagère. Bien sûr, rien n'était calculé, je ne m'étais jamais dit que, puisque je devais repartir au bout de quatre années, tout m'était permis ! Mais c'était inscrit en moi, contre ma volonté, ma raison. C'était une composante de ma présence ici, l'un de ses fondements. Et, grisé, je n'avais
20 pas pris le temps, ou pas voulu le prendre, de penser que la fin de mon séjour sonnerait celle de mon aventure avec Zaïnaba alors que c'était une évidence.

Je n'avais bien été qu'un m'zoungou à Mayotte.

J'ai retrouvé Zaïnaba à l'heure du déjeuner, comme prévu.
25 Elle m'attendait dans son banga, assise sur son lit, notre lit, immobile dans la semi pénombre.

Quand je suis entré, elle a levé ses grands yeux sur moi et j'ai vu qu'elle aussi avait pleuré.

– J'ai cru que je ne te reverrais pas ! m'a-t-elle dit d'une voix
30 tremblante.

---

1 **grisant** excitant – 4 **tendre** → la tendresse – 5 **attentionné** → l'attention f – 6 **auprès de** près de – 8 **généreusement** *ici* : avec beaucoup de sentiments – 9 **envisager** penser à – 18 **une composante** un élément – 26 **immobile** qui ne bouge pas – 29 **une voix tremblante** une voix inquiète, qui montre que la personne est prête à pleurer

Je n'ai pas répondu et c'est elle qui a enchaîné :

– Tu n'es pas content, Hugo. Tu n'es pas content pour notre bébé !... Vous les blancs, vous en faites tout un drame, des bébés, alors que c'est que de la joie !

5 J'avais envie de lui demander quelle joie lui avait donné son premier né, ce petit garçon qui marchait à peine et dont elle s'occupait si peu. Ce bambin qui traînait tout le jour à moitié nu dans la cour et qui ne lui avait apporté que le déshonneur et l'irrespect des siens.

10 – Moi je l'aime, notre bébé, a-t-elle poursuivi, parce que je t'aime, Hugo. Tu es doux avec moi, tu es tendre. Tu es le premier garçon à être si gentil. Tu me donnes du plaisir, aussi. Je suis bien avec toi, et le bébé, il va te ressembler.

J'avais la gorge nouée. Une profonde tristesse était en train 15 de m'envahir, de s'immiscer dans les moindres recoins de mon corps et de mon âme. J'écoutais Zaïnaba, sa bouleversante déclaration d'amour que je savais irrecevable.

– Je veux vivre avec toi, Hugo. Je peux te suivre en métropole, là-bas, dans ton pays. On vivra avec le bébé et on sera bien. 20 Hugo, moi je sais que tu es l'homme de ma vie.

Je comprenais comment elle disait cela, avec quelle sincérité, et pourtant, je ne pouvais m'empêcher de recevoir ces mots magnifiques de travers, de les pervertir inconsciemment par des pensées qui, très confuses dans l'émotion du moment, se 25 sont clarifiées depuis à force d'y réfléchir.

Moi, le blanc, le m'zoungou, le métropolitain à qui tous les espoirs étaient permis, pour qui les parents se mettaient et se mettraient en quatre, qui aurait son bac en métropole, puis l'opportunité de faire des études, moi, Hugo, quinze ans, j'avais 30 le pouvoir de changer la vie de Zaïnaba. Car sans moi, quel était son avenir ? Elle avait quinze ans, était mère d'un enfant,

---

1 **enchaîner** *ici :* continuer à parler – 7 **un bambin** un petit enfant – 14 **avoir la gorge nouée** être prêt à pleurer – 15 **envahir** überwältigen – 15 **s'immiscer** entrer dans – 15 **un recoin** Winkel – 16 **bouleversant** erschütternd – 17 **irrecevable** qu'on ne peut pas recevoir, accepter – 21 **la sincérité** ne dire que la vérité – 23 **pervertir** faire changer en mal – 25 **se clarifier** devenir clair – 29 **une opportunité** une chance

en attendait un autre, avait une armée de frères et sœurs, un père quasiment absent, une mère envoûtée par un djinn et elle n'aurait pas son bac. Quel était son avenir dans une Mayotte qui aspirait au mode de vie métropolitain ? En me déclarant
5 que j'étais l'homme de sa vie, je savais qu'elle voulait me dire qu'elle se savait capable de m'aimer toute sa vie, et pourtant, sans même m'en rendre compte, je ne pouvais m'empêcher d'entendre que j'étais l'homme qui pouvait la sauver. Et je détestais cette pensée, la position de blanc privilégié que
10 m'avait imposée notre installation provisoire à Mayotte. Et à l'instant, je détestais mes parents pour m'avoir amené ici, pour m'avoir infligé ce statut, ces idées, cette situation trop grande pour moi.

La vie de Zaïnaba, bien sûr, serait très différente si elle venait
15 vivre avec moi en métropole. Mais cela n'arriverait pas. J'en avais la certitude, c'était inscrit dans les larmes que je peinais à retenir. Car je savais que j'allais me comporter comme le petit blanc craintif et assisté que j'étais et que je me suis mis à haïr. J'allais m'en remettre aux autres, aux adultes. Me sentir un
20 homme dans les bras de Zaïnaba n'avait été qu'une chimère. Je ne méritais pas ce qui s'était passé entre nous. Je n'étais pas à la hauteur.

Je n'ai pas osé parlé à mes parents. Alors j'ai tout dit à Françoise.
25 Elle a eu la délicatesse de ne rien me reprocher, de ne pas me rappeler qu'elle m'avait prévenu. Elle a juste eu l'air triste.

Ensuite, je me suis abandonné au courant violent qui traversait ma vie.

---

4 **aspirer à qc** avoir envie de qc – 8 **sauver** retten – 11 **amener** faire venir – 12 **infliger qc à qn** donner qc à qn sans lui laisser le choix – 16 **peiner** avoir du mal – 17 **se comporter** *ici :* faire les choses comme – 18 **craintif** qui a peur de tout – 18 **assisté** *ici :* qui ne peut rien faire tout seul – 18 **haïr** détester – 19 **s'en remettre à qn** *ici :* laisser qn trouver une solution à vos problèmes – 20 **une chimère** *ici :* un rêve – 25 **avoir la délicatesse** avoir le tact – 25 **reprocher qc à qn** jdm etw vorwerfen – 26 **prévenir** dire à qn ce qui pourrait se passer – 27 **s'abandonner** *ici :* se laisser aller – 27 **violent** brutal

Mes parents ont pris les choses en main et tout s'est organisé en quelques jours. J'ai été inscrit d'urgence dans l'ancien collège où travaillaient mes parents à Béthune pour y terminer ma 3ᵉ. J'allais m'installer chez mes grands-parents maternels et
5 mon avion décollait quatre jours plus tard. Je n'ai jamais remis les pieds au collège et je n'ai pas eu le droit de revoir Zaïnaba.

Un soir, depuis ma chambre, j'ai entendu mes parents discuter. Ma mère a tenu des propos que j'aurais voulu ne pas entendre :
10 – Qu'est-ce qu'elle croyait, cette négresse ! Qu'elle allait piéger notre fils et qu'on allait la laisser faire ! C'est trop facile…

À l'instant précis où j'ai malgré moi entendu ces mots, j'ai su que de ma vie, je ne les oublierais jamais. Qu'est-ce que
15 Mayotte avait fait de nous ? De mes parents, de moi, de ma mère qui m'avait toujours enseigné la tolérance ?

Non, Zaïnaba n'avait pas voulu me piéger. Elle m'avait aimé sincèrement, avait trouvé en moi ce qu'elle appelait l'homme de sa vie et, comme moi, s'était abandonnée à l'amour avec
20 insouciance. Cet enfant, elle ne l'avait pas fait seule.

J'ai caché ma tête sous mon oreiller. Je ne voulais plus entendre, rien, jamais. Quelque chose s'était brisé en moi, entre mes parents et moi. J'avais honte de ma vie.

Françoise m'attendait à l'entrée de la barge pour me faire ses
25 adieux. Nous sommes tombés dans les bras l'un de l'autre et elle m'a serré fort.

– N'oublie rien de ce que tu as vécu ici, Hugo, m'a-t-elle dit à l'oreille alors que mes parents et Lydie attendaient en retrait.

– Mais je n'y ai rien compris ! ai-je répondu, les larmes aux
30 yeux.

– Ça viendra, Hugo. Ça viendra…

---

10 **un nègre** *péj* un homme de couleur noire – 11 **piéger** in die Falle locken –
20 **l'insouciance** *f* état d'une personne qui n'a pas de soucis – 21 **un oreiller**
Kopfkissen – 28 **en retrait** un peu plus loin

Deux heures plus tard, à l'aéroport de Pamandzi, mes au revoir à ma famille ont été embarrassés. Ma mère m'a dit que ce ne serait pas long, qu'ils rentraient en métropole l'été suivant, que la nouvelle maison serait prête à l'automne et que
5 nous reprendrions notre vie normale. Mon père m'a dit qu'il m'aimait, et Lydie a pleuré.

Dans l'avion, au moment où deux hôtesses de l'air ont vidé des bombes insecticides pour ne pas risquer d'emporter avec nous des moustiques mahorais, j'ai eu la vision très claire des
10 deux destins qui s'offraient encore à moi. Il me suffirait de me lever à l'instant et d'exiger de redescendre de l'avion pour changer radicalement le cours de mon existence. Je pourrais devenir le père de l'enfant que portait Zaïnaba et mener une autre vie que celle pour laquelle j'étais programmé. Mais je n'ai
15 pas bougé de mon siège et j'ai attaché ma ceinture quand on me l'a demandé.

L'avion a roulé sur le tarmac et s'est arraché du sol. J'étais assis près d'un hublot et quand nous avons survolé la passe en S, j'ai vu des dizaines de dauphins. Du ciel, Mayotte ressemble
20 à un hippocampe qui aurait la tête en bas et les limites de son lagon sont parfaitement visibles.

J'ai soudain fondu en larmes. J'étais épuisé, à bout de force. Ma voisine m'a regardé en coin et je me suis tassé sur mon siège, collé contre la paroi de l'avion, les bras autour de ma
25 tête, mains accrochées aux cheveux, coudes sur les cuisses. Et j'ai sangloté ainsi de longues minutes en me disant que je ne reverrai plus Mayotte. Ni Zaïnaba. C'était derrière moi, terminé. Un pan de ma vie venait de s'achever. Dans seize heures, je serais à l'autre bout du monde.

---

2 **embarrassé** verlegen – 7 **une hôtesse de l'air** s'occupe des passagers dans un avion –
8 **emporter** prendre – 9 **un moustique** insecte qui peut donner la malaria – 15 **un siège**
là où l'on est assis – 17 **s'arracher** *ici :* quitter – 20 **un hippocampe** Seepferdchen –
23 **se tasser** se faire le plus petit possible – 24 **une paroi** un mur intérieur – 25 **un
coude** Ellbogen – 25 **une cuisse** partie de la jambe au-dessus du genou – 26 **sangloter**
pleurer – 28 **un pan** un chapitre – 28 **s'achever** se finir

L'eau du bain a refroidi et avec mes pieds, j'actionne le robinet.
J'aime cette sensation de chaleur qui me gagne par les jambes
et remonte lentement le long de mon corps. J'ai toujours adoré
les bains brûlants et je n'arrête l'eau que lorsque la température
5 *devient insoutenable et ma peau écarlate.*

Je repense à mon père, à sa question piège, à la réponse
que je ne suis plus loin de trouver. Je crois que mes parents ne
comprennent rien à qui je deviens. C'est Françoise qui avait
raison lorsque, le jour de mon départ, elle m'a dit qu'un jour, je
10 *comprendrais. Pas forcément Mayotte, mais l'influence que cette*
île a eue sur moi.

C'est drôle comme avec le temps, la mémoire enjolive les
choses. Petit à petit, avec les mois qui passent, qui me séparent
maintenant de la vie là-bas, je commence à faire le tri dans
15 *mes souvenirs et à donner plus d'importance aux bons qu'aux*
mauvais. Il m'arrive souvent, à n'importe quel moment, de
penser à Mayotte. Par exemple, quand les journées rallongent,
vers 17 heures, je me dis que la nuit doit être en train de tomber
sur le lagon, sur Mamoudzou, sur mon ancien collège, sur le
20 *banga de Zaïnaba... Et s'il n'y a aucune nostalgie dans ces*
pensées, il y au moins une forme de tendresse pour ceux que j'ai
connus. Que sont-ils en train de faire au moment où moi, je sors
du lycée ? Quelle température fait-il alors qu'ici, nous avons les
premières gelées ? Françoise a-t-elle assisté, comme elle aime à le
25 *faire, à l'accueil des nouvelles recrues de l'Éducation Nationale*
au Barfly ? Zaïnaba a-t-elle pu continuer ses études ?...

Mayotte fait partie de mon parcours, de mes souvenirs. Et je
sais désormais que mon séjour sur cette île, après coup, a changé
ma vie, ou tout du moins, a influé sur son itinéraire. Car c'est
30 *après mon retour que tout s'est joué.*

---

1 **actionner** *ici :* ouvrir – 5 **insoutenable** impossible à supporter – 5 **écarlate** rouge –
6 **une question piège** Fangfrage – 10 **pas forcément** peut-être pas – 10 **une influence**
Einfluß – 12 **la mémoire** là où sont gardés les souvenirs – 12 **enjoliver** faire devenir plus
beau – 13 **séparer** *ici :* éloigner – 14 **faire le tri** classer – 17 **rallonger** devenir plus long –
24 **la gelée** Frost – 29 **influer** → influencer

II

L'autre bout du monde

7

À mon retour, en plein hiver, j'ai eu autant de mal à me réadapter à la vie métropolitaine que j'en avais eu à trouver ma place dans la société mahoraise. Les premiers temps, j'avais l'inconfortable sensation de ne plus être de nulle part.

5   Chez mes grands-parents, j'avais à ma disposition la grande chambre du second étage que, durant les vacances, je partageais avec Lydie. 25 m² rien que pour moi, seul à cet étage, et tout le monde qui me traitait si gentiment que j'avais l'impression d'être un convalescent. Comme si Mayotte avait
10 été pour moi une maladie, un virus exotique, et ce qui avait précipité mon départ un accident dont j'étais la victime. Papi et mamie ne parlaient jamais de ce qui s'était passé. Pas de reproche, pas de sermon ; ils faisaient tout pour me rendre la vie facile et me permettre de reprendre le cours d'une vie
15 « normale. » Normale aux yeux de qui ?, me demandais-je confusément de temps en temps, sans oser aller plus loin dans ce type de réflexion.

Au collège, je n'avais pas envie de me faire de nouveaux amis. Je me sentais étonnamment mal à l'aise avec les jeunes
20 de mon âge. Aucun d'entre eux ne me rejetait ni me tenait à l'écart, c'était moi qui refusais de jouer le jeu. Car il s'agit bien d'un jeu, non ? Ces conversations enflammées sur des sujets sans importance, ces blagues et expressions à la mode, ces magazines qu'il faut absolument lire, ces programmes télés
25 qu'il faut avoir vus… Tout me semblait ridicule, mais en même temps, je souffrais de ne pas en être, de ne pas parvenir à redevenir un adolescent ordinaire, de ne plus savoir apprécier

---

4 **inconfortable** ≠ agréable – 5 **avoir à sa disposition** avoir pour soi – 9 **un convalescent** qn qui reprend des forces après une maladie (Genesender) – 13 **un sermon** Moralpredigt – 19 **étonnamment** *ici :* bizarrement – 20 **rejeter qn** ne rien vouloir avoir à faire avec qn – 20 **tenir à l'ecart** garder loin de soi – 22 **enflammé** *ici :* avec passion – 23 **une blague** une plaisanterie

ou me contenter de la vie de mes semblables. Sans doute avais-je grandi trop vite, à Mayotte, même si là-bas, je m'étais finalement comporté comme un gosse. Trop immature pour Mayotte, trop mûr pour Béthune ? Je flottais entre deux eaux :
5 ni triste ni gai ni en colère ni résigné. Flottant. À côté de moi-même et des autres.

J'ai revu Baptiste et Nico, qui n'étaient pas dans mon collège. Aussi peu à leur aise que moi, ils se sont mis à parler à tort et à travers pour meubler mon silence. Ils m'ont raconté leur
10 vie, montant en mayonnaise des événements insignifiants, parlant des filles en véritables spécialistes alors que j'en étais certain, ils n'en avaient même jamais embrassé une, jouant les rebelles vis-à-vis de leurs parents aussi dévoués que les miens et de leurs profs. J'ai été tenté de leur dire que j'avais passé les
15 derniers mois à faire l'amour plusieurs fois par jour et que là-bas, au bout du monde, une fille attendait un enfant de moi. Mais ils ne m'auraient pas cru, et au fond, je n'avais pas envie d'en parler, de mêler Zaïnaba à cette vie métropolitaine qui, à mon grand désarroi, me paraissait superficielle.
20 Je n'allais pas bien. Si ma position de blanc privilégié à Mayotte m'avait été inconfortable, celle d'adolescent muet et solitaire à Béthune ne me convenait pas mieux.

J'étais resté en contact avec Françoise, par mail. Elle était la seule personne à qui je parlais vraiment. Il m'était plus
25 facile d'écrire que de parler, et au téléphone, je disais invariablement à mes parents que j'allais très bien alors que je confiais mes doutes, mon regard qui avait changé sur mon monde, mes regrets, mes hontes et ma peur de l'avenir à mon ancienne documentaliste. Françoise répondait à chacun
30 de mes messages et ses mots avaient à mes yeux une grande

---

1 **se contenter de qc** être content avec ce qu'on a sans chercher à avoir plus –
1 **semblable** qui se ressemble entre eux, elles – 3 **immature** qui n'est pas encore adulte – 4 **mûr** ≠ immature – 9 **meubler** *ici* : dire qc pour éviter le silence – 10 **monter en mayonnaise** *fig* übertreiben – 10 **insignifiant** ≠ important – 19 **un désarroi** Verzweiflung – 22 **solitaire** qui est seul – 22 **convenir** plaire – 26 **invariablement** toujours – 27 **confier** *ici* : raconter qc à qn en qui on a confiance

importance. Elle trouvait que mon évolution était positive même si j'avais du mal à vivre avec. Un jour, elle m'a écrit une phrase que je relis régulièrement depuis :

< *Il y a deux façons de vivre, Hugo. En se laissant porter sans*
5 *se poser de questions par le temps qui passe, ou en essayant de comprendre qui l'on est et où l'on va. La deuxième solution est certainement la moins confortable, mais de loin la plus intéressante. La seule qui vaille, pour moi.* >

Une autre fois, alors que je lui avais parlé de Baptiste et de
10 Nico avec qui je ne parvenais plus à m'entendre, du fait que je n'avais plus d'amis à Béthune, elle m'a répondu :

< *La lucidité est un don du ciel, un formidable cadeau, mais aussi une malédiction. Mais de toute façon, tu n'as plus le choix tu devras faire avec.* >

15 Puis est venu un message auquel je ne m'attendais pas, qui n'était pas une réponse à l'un de mes écrits :

< *Hugo. J'ai beaucoup hésité avant de t'envoyer ce message. Mais nos échanges, ces dernières semaines, m'ont appris combien tu avais changé, mûri. Je pense que tu sauras recevoir*
20 *ces mots, et il me semble juste qu'ils arrivent jusqu'à toi.* >

Suivaient quelques lignes que je pourrais réciter par cœur :

< *Bonjour Ugo*

C'est moi. Je sais pas trop quoi écrire. Mais je pense a toi souvan. Dé fois je suis triste d'autre fois je ri en pensant a nous
25 *ensemble. Je peu pas t'oublié. La vie est plus pareille depuis que tu est parti. Le bébé est parti, aussi. Je suis sûr qu'il aurai été un garçon et qu'il t'aurai ressemblé.*

Grace a madame Garcin, je continu le collège.

Ne m'oubli pas, s'il te plé.

30 *Zaïnaba.* >

---

8 **valoir** *ici :* avoir de l'importance, de l'intérêt – 12 **la lucidité** le fait de voir les choses comme elles sont vraiment – 12 **un don du ciel** un cadeau très précieux – 21 **réciter** dire de mémoire – 25 **la vie n'est plus pareille** ce n'est plus la même chose

J'ai beaucoup pleuré en découvrant ce message. D'impuissance, de frustration, de vide. J'avais honte, j'avais mal, j'aurais voulu serrer Zaïnaba dans mes bras pour la consoler, mais surtout pour pleurer dans les siens.

5   J'ai longuement hésité. Mais je ne lui ai jamais répondu. Quoi lui dire ? Que je ne l'oublierais jamais, ce qui était la stricte vérité, mais qu'elle aurait pu interpréter comme une déclaration d'amour ?

Que je regrettais, qu'elle me manquait ? À quoi bon
10 maintenant ? Maintenant que nous étions à des milliers de kilomètres et qu'un monde nous séparait ? J'ai demandé par mail à Françoise si elle pensait que j'aurais dû, mais elle m'a répliqué que j'étais le seul à pouvoir répondre à cette question.

Parfois, je pense à ce bébé qui « est parti », à la couleur de la
15 peau qu'il aurait eu, la même, café au lait, que celle de Lucie, la fille de Françoise.

Souvent, j'imagine Zaïnaba rentrant du collège, s'occupant des enfants, préparant à manger pour tout le monde et faisant ses devoirs. Je me revois dans son île, m'zoungou éperdu, et je
20 regarde la vie à Béthune avec ses yeux à elle. Je comprends alors que le blanc, pour la peau, est autant une couleur que le noir, et que le mode de vie qui a toujours été le mien en métropole n'est pas plus valable que le sien, qu'il est aussi étrange.

La preuve m'en est venue, flagrante, quelques semaines plus
25 tard, alors que j'avais fini et raté mon année scolaire. J'allais redoubler ma 3e, juillet était là et ma grand-mère m'a dit :

– Demain, j'ai besoin de toi, Hugo. C'est le début des soldes. On va à Lille : réveil à 7 heures !

---

2 **une impuissance** le fait de ne rien pouvoir faire – 19 **éperdu** *ici :* fou d'amour –
26 **redoubler** ne pas passer dans la classe supérieure

À 8 h 30 le lendemain matin, nous étions devant une boutique de vêtements qui n'ouvrait qu'à 9 h 30. Nous n'étions pas les premiers arrivés : une bonne dizaine de personnes, huit femmes et deux hommes, faisaient déjà la queue, aussi excités
5 que mamie qui, depuis notre petit déjeuner, m'expliquait dans quels magasins elle devait absolument aller et dans quel ordre. Un vrai plan de bataille.

– Le premier jour des soldes, c'est sacré, Hugo ! m'a-t-elle dit quand nous sommes montés dans la voiture. J'ai déjà fait mes
10 repérages la semaine dernière. Les modèles, les marques, les couleurs. Impossible de passer par la cabine d'essayage un jour pareil, les bonnes affaires nous passeraient sous le nez. Toi, tu restes près de moi et je te donne les modèles que je prends au fur et à mesure. D'habitude, c'est ton grand-père qui vient
15 m'aider, mais puisqu'il déteste ça et que tu es là !

À 9 h 15, nous étions une trentaine à poireauter devant la boutique et un frémissement a parcouru cette foule fébrile quand une vendeuse est apparue derrière la porte vitrée. Mais elle ne venait pas encore ouvrir, seulement scotcher sur la vitre
20 une affiche sur laquelle, en grosses lettres rouges et orange était écrit : TOUT DOIT DISPARAÎTRE.

L'assaut a eu lieu à 9 h 30 pétantes. Une horde sauvage. Ma grand-mère, pourtant la doyenne de cette clientèle en campagne, était certainement la plus combative. Elle jouait du
25 coude, faisait des queues de poisson entre les rayons, prenait un air offusqué lorsqu'on lui rendait la politesse et moi je la

---

7 **un plan de bataille** *ici :* un plan très strict et très organisé – 8 **sacré** pour lequel on a un respect religieux – 10 **un repérage** Erkundung – 11 **une cabine d'essayage** dans un magasin, une cabine où l'on peut essayer des vêtements – 12 **pareil** *ici :* comme celui-là, aussi spécial – 14 **au fur et à mesure** petit à petit – 16 **poireauter** *fam :* attendre – 17 **un frémissement** Zittern – 18 **un vendeur** → vendre qc – 18 **une porte vitrée** une porte en verre – 19 **scotcher** coller avec du scotch (Klebeband) – 22 **un assaut** une attaque – 22 **pétantes** *ici :* exactement – 23 **un doyen** la personne la plus vieille – 23 **une clientèle** les gens qui viennent acheter dans un magasin – 24 **combatif** agressif – 25 **faire une queue de poisson** jdn schneiden – 25 **un rayon** *ici :* la partie d'un magasin où l'on trouve les articles à vendre – 26 **offusqué** choqué – 26 **rendre la politesse** faire la même chose

suivais, les vêtements s'empilant dans mes bras : pantalons, chemisiers, cardigan, écharpe, gabardine... Les vendeuses, prudentes, avaient déserté les rayons et s'étaient repliées près de la caisse d'où s'échappait le doux bruit saccadé des cartes
5 de crédit.

Je regardais ma grand-mère, stupéfait, ne pouvant m'empêcher de penser à ses penderies déjà pleines de fringues qu'elle ne portait jamais car finalement, elle mettait toujours la même chose. Elle devait avoir plus de vingt paires
10 de chaussures, six ou sept manteaux, des étagères pleines de pulls, des tiroirs débordant de lingerie. Et pourtant, sous mes yeux, elle était en train de se disputer avec une femme d'une quarantaine d'années pour une combinaison en soie que chacune d'elle disait avoir vue la première. J'ai vraiment cru
15 qu'elles allaient se battre quand soudain, mamie a porté une main à son cœur et a poussé un petit râle comme si elle allait avoir un malaise. L'autre a aussitôt capitulé, de peur sans doute d'être accusée d'avoir poussé une vieille femme dans la tombe avant même le début de la prochaine canicule, et mamie m'a
20 mis la combinaison sur les bras en me faisant un clin d'œil.

– Faut bien que mon grand âge me serve à quelque chose ! Finalement, ce modèle n'est pas si joli que ça, mais il ira très bien à ta mère... C'est un Chantal Thomass, je ne pouvais pas le laisser passer !
25 Près de mille euros plus tard, nous avons changé de boutique au pas de courses, mes bras encombrés de sacs, et nous sommes attaqués aux chaussures. Puis à la maroquinerie et enfin à une boutique de vêtements pour homme où mamie a acheté une cravate pour papi.

---

1 **s'empiler** les uns sur les autres – 2 **une écharpe** Schal – 3 **prudent** qui ne prend pas de risques – 3 **déserter** quitter – 3 **se replier** *ici :* attendre – 4 **s'échapper** *ici :* sortir – 4 **saccadé** stoßweise – 7 **une penderie** Kleiderschrank – 11 **déborder** *ici :* être plein – 11 **la lingerie** Damenunterwäsche – 13 **une quarantaine** environ quarante – 13 **une combinaison en soie** Seidenunterrock – 16 **un râle** le bruit que fait une personne avant de mourir – 18 **être accusé** angeklagt werden – 19 **une canicule** une vague de chaleur en été – 27 **une maroquinerie** un magasin où l'on vend des articles en cuir (Leder)

Nous sommes rentrés à la maison à 13 heures passées, épuisés, moi plus que mamie qui était en pleine forme et semblait surtout soulagée. Apaisée, rassasiée, comblée. Pourtant, elle m'a dit :

5 – Demain, si tu veux bien, on ira regarder les prix en électroménager. Ma bouilloire électrique est foutue, et j'aimerais bien me trouver un adoucisseur d'eau.

J'ai acquiescé, sans un mot. J'étais saoulé par cette matinée de folie et surtout, malgré moi, je ne pouvais m'empêcher 10 de penser à Mayotte. À ce bout de France où Zaïnaba et sa famille vivaient sans eau courante, mais aussi à Mamoudzou où, entre les cases de torchis et de tôles, fleurissaient toujours plus nombreuses les enseignes des marques métropolitaines et où les jeunes commençaient à porter les mêmes tee-shirts 15 fabriqués en Chine que mes camarades de collège à Béthune.

3 **rassasié** qui a eu tout ce qu'il voulait, satisfait – 3 **comblé** qui a eu tout ce qu'il voulait, satisfait – 6 **une bouilloire** un appareil qui sert à faire chauffer de l'eau – 6 **foutu** qui ne fonctionne plus – 7 **un adoucisseur d'eau** un appareil qui sert à enlever le calcaire (Kalkstein) de l'eau – 8 **acquiescer** montrer à qn que l'on est d'accord avec lui – 12 **fleurir** *ici :* arriver – 15 **fabriquer** faire

8

Les journaux télévisés diffusaient chaque jour des reportages
sur les soldes aux quatre coins de la France, montraient des
hommes et des femmes qui couraient en criant à travers les
rayons d'une grande surface et s'asseyaient sur des machines
5 à laver pour être sûr que personne ne les achète à leur place,
d'autres qui se levaient à 4 heures du matin pour être les
premiers dans un magasin. J'ai vu l'interview de filles de mon
âge qui gloussaient de joie parce qu'elles avaient acheté des
T-shirts d'une marque dont le nom était masqué par un bip
10 sonore, une autre d'une femme de l'âge de ma grand-mère
qui expliquait avec un sérieux doctoral qu'elle préférait les
soldes d'été à celles de janvier mais que de toute façon, elle
n'en manquait pas une. C'était une affaire d'État, et j'avais
du mal à comprendre pourquoi je n'arrivais pas à me moquer
15 éperdument de tout cela. J'étais profondément agacé par
l'importance donnée à ces démarques dans un pays où chacun,
en tout cas ceux qui s'y précipitaient avec tant de ferveur, avait
déjà tout chez eux et même plus.

J'ai hésité avant d'en parler par mail à Françoise car j'avais
20 peur de passer pour un idiot, un naïf. Mais sa réponse m'a
rassuré et m'a surtout conforté dans mon exaspération :

< Au moins, toi, tu ne seras pas reparti de Mayotte indemne ! Je
ressens les mêmes choses que toi, les mêmes colères, chaque fois
que je reviens en métropole pour voir ma famille. Et pourtant,
25 *Mayotte est mon île depuis très longtemps et j'y suis habituée, je*
ne la vois plus avec des yeux métropolitains ! Et elle évolue si vite.

---

1 **le journal télévisé** les informations que l'on peut voir à la télé – 8 **glousser** *ici :*
rire – 9 **un bip sonore** Piepton – 11 **un sérieux doctoral** le plus grand sérieux – 15 **agacé**
énervé – 16 **une démarque** opération commerciale pendant laquelle on vend des
marchandises à un prix plus bas – 17 **une ferveur** un amour religieux – 20 **un naïf** une
personne qui croit n'importe quoi – 21 **conforter qn dans qc** *ici :* faire que qn croit
encore plus fort à qc – 22 **indemne** intact – 26 **évoluer** changer

Tu n'as pas idée de ce qu'était l'île quand je m'y suis installée !
Bientôt, nous serons comme la Réunion. Et je n'arrive pas à
m'en réjouir. C'est toute l'ambiguïté de la situation : le contraste
entre le gâchis monumental du mode de vie métropolitain et
5 *le dénuement mahorais me choque, mais en même temps, je*
ne souhaite pas à Mayotte de devenir la métropole. J'aspire à
un entre-deux, à une « normalité » ! Mais ce n'est sans doute
qu'un rêve… Il y a un poème que j'aime beaucoup, d'un auteur
contemporain Italien, Erri De Luca. Il s'intitule Valeur. Valore,
10 *en italien. Après ton expérience des soldes avec ta grand-mère, il*
devrait te plaire :

J'attache de la valeur à toute forme de vie, à la neige, la fraise, la
mouche.
J'attache de la valeur au règne animal et à la république des
15 *étoiles.*
J'attache de la valeur au vin tant que dure le repas, au sourire
involontaire, à la fatigue de celui qui ne s'est pas épargné, à
deux vieux qui s'aiment.
J'attache de la valeur à ce qui demain ne vaudra plus rien et à
20 *ce qui aujourd'hui vaut encore peu de chose.*
J'attache de la valeur à toutes les blessures.
J'attache de la valeur à économiser l'eau, à réparer une paire
de souliers, à se taire à temps, à accourir à un cri, à demander la
permission avant de s'asseoir, à éprouver de la gratitude sans se
25 *souvenir de quoi.*
J'attache de la valeur à savoir où se trouve le nord dans une
pièce, quel est le nom du vent en train de sécher la lessive.

---

3 **une ambiguïté** Widersprüchlichkeit – 4 **un gâchis** Vergeudung – 5 **un dénuement**
le fait de n'avoir rien du tout, d'être pauvre – 6 **aspirer à qc** souhaiter, vouloir – 7 **un**
entre-deux une partie qui est entre deux choses ; *ici* : un juste milieu – 9 **s'intituler**
s'appeler – 9 **une valeur** Wert – 13 **une mouche** Fliege – 17 **involontaire** que l'on
fait sans y avoir pensé avant – 17 **s'épargner** ≠ faire des efforts – 21 **une blessure**
Verletzung – 22 **économiser** *ici* : utiliser qc le moins possible – 23 **un soulier** une
chaussure – 23 **se taire** arrêter de parler – 24 **une permission** une autorisation –
24 **éprouver** sentir

J'attache de la valeur à l'usage du verbe aimer et à l'hypothèse
qu'il existe un créateur.

Bien de ces valeurs, je ne les ai pas connues.[1] >

Mes parents sont rentrés quelques jours plus tard.
5 Définitivement, cette fois.

Leur avion était plein comme un œuf, débordant de familles
réunionnaises et mahoraises, de touristes, de métropolitains
de retour dans l'hexagone. Papa, maman et Lydie ont mis plus
d'une heure pour récupérer leurs bagages tant il y avait de
10 monde et surtout de valises, de sacs, de malles et d'animaux
en cage. Une vraie transhumance.

En quelques mois seulement, ils avaient changé, tous les
trois. À moins que ce soit mon regard. Ma mère avait les
traits tirés mais semblait ivre de bonheur à l'idée d'avoir
15 définitivement laissé les tropiques derrière elle. Elle est tombée
dans les bras de mamie qui avait les larmes aux yeux.

– Tu as manqué les soldes de quelques jours, ma chérie, lui
a-t-elle dit pour détendre l'atmosphère.

– Pas grave, a répliqué ma mère. J'ai la vie devant moi pour me
20 rattraper !

Mon père, après avoir serré la main de papi avec cette raideur
dont, malgré le temps, ils n'ont jamais réussi à se débarrasser
l'un vis-à-vis de l'autre, m'a serré dans les bras.

– Ça va, fils ?
25 Il était ému de me revoir, plus que je ne l'étais moi-même.
Je me sentais bizarrement détaché, loin de la réalité, comme

---

1. Erri De Luca, *Valeur*, poème tiré de *Œuvre sur l'eau*. Traduit de l'italien par
Danièle Valin, Editions Seghers, 2002.

1 **un usage** → utiliser – 2 **un créateur** *ici* : un dieu – 10 **une valise** Koffer – 11 **une
transhumance** Almauftrieb – 14 **ivre de bonheur** très heureux – 18 **détendre
l'atmosphère** rendre la situation plus agréable – 21 **une raideur** *ici* : le fait de ne pas se
sentir complètement à l'aise – 26 **détaché** qui a l'impression que ce qui arrive n'a rien
à faire avec lui

soucieux mais d'une chose dont je n'avais pas conscience. Je regardais les choses plus que je ne les vivais.

Lydie était devenue une autre. C'était spectaculaire. Non seulement elle avait beaucoup grandi, mais son visage
5 n'était plus le même, ni son regard. Elle avait brusquement quitté l'enfance et paraissait une jeune femme. Surtout, elle ressemblait désormais étonnamment à ma mère. On s'est fait la bise, embarrassés pour la première fois de notre vie, comme si nous avions passé l'âge de cette manifestation de tendresse.
10 Nous avons dû partager de nouveau la chambre du second de la maison de papi et mamie. Ce n'était que provisoire, par bonheur, car nous qui avions jusque là toujours eu la même chambre, trouvions cela subitement pénible. Nos deux vies étaient à l'étroit dans la même pièce, et si tout dans la nouvelle
15 Lydie avait le don de me vriller les nerfs, je crois que la réciproque était une évidence.

En une poignée de jours, ma petite sœur est parvenue à reformer un réseau de relations impressionnant. D'anciennes camarades de classe, des voisines de notre ancien immeuble,
20 des copines de copines… Au bout d'une semaine, elle avait réussi à convaincre mes parents de lui payer un téléphone portable qui ne cessait plus de sonner, de signaler l'arrivée d'un SMS, d'un MMS, chaque jour avec une mélodie différente. Lydie était revenue assoiffée. De copines, de papotage, de
25 gadgets, de magazines pour filles, d'accessoires de mode. Elle, maman et mamie ont passé leur été à écumer les boutiques. Une vraie cure de désintoxication à Mayotte.

Il a fait une chaleur à crever une bonne partie de l'été, même pour nous qui venions de passer quatre ans sous les
30 tropiques, et je n'ai presque pas quitté ma chambre. Mes

---

1 **soucieux** inquiet – 13 **pénible** difficile à vivre – 14 **à l'étroit** qui n'a pas assez de place – 15 **vriller les nerfs de qn** énerver qn – 16 **une réciproque** Gleiche(s) – 18 **un réseau** *ici :* Netz – 24 **assoiffé** *ici :* qui a un énorme besoin de qc – 24 **un papotage** le fait de parler de beaucoup de choses sans importance – 26 **écumer les boutiques** faire du shopping – 27 **une cure de désintoxication** une cure pour apprendre à vivre sans qc – 28 **faire une chaleur à crever** *fam* faire très chaud

parents supervisaient les travaux dans la maison qu'ils avaient finalement achetée à Bondues, et nous ne sommes pas partis en vacances.

Je n'ai vu presque personne jusqu'à la rentrée de septembre
5 sinon la bibliothécaire municipale à qui j'empruntais les livres dont Françoise m'indiquait les titres. Des romans pour la plupart en rapport avec ce qui était en train de prendre de plus en plus de place dans mes pensées mais que je n'arrivais pas encore à bien définir : ce souci du monde dans lequel
10 j'étais censé vivre, ce regard nouveau sur mes concitoyens, le mode de vie métropolitain comparé à celui d'autres régions du monde. Bref, la remise en question instinctive, mal comprise mais intensément ressentie, de ce qui avait été ma vie jusque-là. Vaste programme. Trop vaste pour moi, sans doute, mais
15 aussi plus fort que moi.

Et je découvrais le monde à travers les romans que me conseillais mon ancienne documentaliste. L'injustice, la misère, la lutte mais aussi le gâchis, l'arrogance, la corruption. Je découvrais le monde et gagnais chaque jour, à chaque page,
20 une conscience sociale et politique.

Ma grand-mère s'inquiétait pour moi, me trouvait triste, dépressif et me poussait à sortir et à m'amuser. Mais je n'aspirais qu'à la fraîcheur de la chambre dont je gardais les volets tirés et à l'incandescente humanité que je découvrais
25 dans les livres.

Certains étaient trop durs pour moi, mais je les lisais tout de même jusqu'au bout, d'autres m'éblouissaient, m'illuminaient et me laissaient rêveur, l'esprit agité d'idées et de questions dont je ne parvenais pas toujours à prendre la mesure.

---

1 **superviser** contrôler – 5 **sinon** *ici* : sauf – 7 **en rapport** qui a pour sujet – 9 **un souci** *ici* : le fait d'être inquiet pour qc ou qn – 10 **un concitoyen** une personne du même pays, de la même ville (qu'une autre) – 14 **vaste** très grand – 17 **conseiller** → un conseil – 17 **une injustice** qc qui n'est pas juste – 18 **une lutte** un combat – 24 **un volet** Fensterladen – 24 **incandescent** qui est extrêmement chaud et qui fait de la lumière – 27 **éblouir** *ici* : fasciner – 28 **rêveur** qui rêve – 28 **agité d'idées** plein d'idées – 29 **prendre la mesure de qc** etw ausloten

Extérieurement impassible, visiblement détaché de tout, je vivais intérieurement, secrètement, une véritable fièvre.

Trois livres m'ont particulièrement marqué, durant l'été. L'un d'eux s'intitule *Ravage*, de René Barjavel, dans lequel, en 2052,
5 on voit le monde « moderne », occidental, s'effondrer le jour où l'électricité disparaît. Et l'humanité doit réapprendre à vivre sans. Dans le même ordre d'idée, mais à l'échelle d'une tour d'habitation de luxe, dans *IGH*, James Graham Ballard décrit une micro-société de privilégiés qui sombre dans une violence
10 primitive et dans le chaos. Mais le livre qui m'a le plus marqué, très différent en apparence de ces deux-là, c'est *Mendiants et orgueilleux*, d'Albert Cossery. Tout est dit dans le titre, et ce roman a été une telle révélation pour moi concernant la pauvreté et la richesse, le rapport aux biens, à la possession,
15 à l'argent ou à la misère, que je l'ai relu pour recopier certains passages dans un cahier :

Gohar vivait dans la plus stricte économie de moyens matériels. La notion du plus élémentaire confort était depuis longtemps bannie de sa mémoire. Il détestait s'entourer d'objets [...] Le
20 *dénuement de cette chambre avait pour Gohar la beauté de l'insaisissable, il y respirait un air d'optimisme et de liberté. [...] Là où il n'y avait rien, la tempête se déchaînait en vain. L'invulnérabilité de Gohar était dans ce dénuement total ; il n'offrait aucune prise aux dévastations.*

---

1 **extérieurement** vu de dehors – 1 **impassible** calme, tranquille – 2 **intérieurement** ≠ extérieurement – 2 **une fièvre** Fieber – 5 **occidental** de l'ouest – 5 **s'effondrer** tomber – 7 **à l'échelle** au niveau – 7 **une tour d'habitation** Hochhaus – 11 **en apparence** scheinbar – 11 **un mendiant** une personne pauvre qui demande de l'argent aux gens qui passent dans la rue – 12 **orgueilleux** arrogant – 14 **une possession** le fait d'être propriétaire de qc, posséder – 16 **un passage** *ici :* une partie d'un texte – 18 **une notion** une idée – 19 **bannir** etw aus etw verbannen – 21 **l'insaisissable** *m* qui est mystérieux, que l'on arrive pas à comprendre – 22 **se déchaîner** toben – 23 **l'invulnérabilité** *f* caractéristique d'une personne à qui il est impossible de faire mal – 24 **une dévastation** une destruction

Ce que Gohar admirait surtout en lui, c'était son sens véritable de la vie : la vie sans dignité. Être vivant suffisait à son bonheur. [2]

Lydie, quand elle levait le nez de l'écran de son portable, de ses
5 magazines ou de ses tests pour savoir si elle était sexy, à quoi
ressemblait l'homme de sa vie ou si elle était faite pour devenir
une star, me regardait telle une bête curieuse. Elle n'était pas
la seule, d'ailleurs. Et moi-même, j'en arrivais à m'inquiéter de
ma propre mutation. J'avais quinze ans, j'allais redoubler ma
10 3e dans un nouveau collège à Lille, nous allions emménager
dans une nouvelle maison, ma mère me demandait trois fois
par jour de quelle couleur je voulais qu'ils peignent les murs
de ma chambre, et je me foutais de tout. Ou plutôt, mes « hauts
centres d'intérêts », mes « éminentes préoccupations » ôtaient
15 tout intérêt à ce qui faisait ma vie de tous les jours.

Lydie, vers la fin du mois d'août, a très bien résumé la situation
en quelques mots quand elle m'a lancé :

– Qu'est-ce que t'es devenu chiant !

2. Albert Cossery. Extraits de *Mendiants et Orgueilleux*. Editions Joëlle Losfeld, 1993

1 **admirer** bewundern – 2 **la dignité** Würde – 10 **emménager** ≠ déménager – 14 **éminent**
très important – 14 **une préoccupation** ce qui vous occupe l'esprit – 18 **chiant** *vulg* qui
provoque l'ennui, qui énerve

9

En septembre, j'ai fait ma rentrée dans mon nouveau collège, à Lille. Je devrais dire *notre* nouveau collège, puisque ma sœur y entrait en 6ᵉ et que mes parents allaient y enseigner.

La maison de Bondues ne devant être prête que courant octobre, nous habitions encore chez papi et mamie. Matin et soir, nous faisions le trajet tous ensemble en voiture, quels que soient nos horaires respectifs.

Lydie était très excitée et moi, j'étais miné de redoubler ma 3ᵉ, de ne pas être au lycée, de me retrouver dans le même établissement que ma famille au grand complet.

Ma classe était composée de vingt-huit élèves, dont un seul noir que je n'ai pu m'empêcher d'observer avec attention. Riche de mes années d'expérience de blanc parmi les noirs, j'étais prêt (et j'en mourais d'envie) à le « recueillir » si le reste de la classe le tenait à l'écart à cause de la couleur de sa peau ! Mais il connaissait tout le monde, a tapé dans les mains des garçons et à fait la bise aux plus jolies filles. Il n'y avait que moi, pauvre cloche, qui suis resté seul dans mon coin, en compagnie d'une fille aux lèvres peintes en noir, au nez percé d'un anneau d'argent et la tête surmontée d'une implosion de cheveux couleur corbeau. En désespoir de cause, j'ai souri à la Gothique qui a aussitôt détourné les yeux avec dégoût.

L'année commençait fort.

Toutes les tendances étaient représentées dans la classe, par groupes, par bandes. Peu de look « racaille », boule à zéro sous casquette Lacoste ; seulement trois ou quatre garçons qui n'avaient pas encore compris que jouer les durs ne faisaient plus recette auprès des filles. Par contre, les tenues de basketteurs,

---

7 **respectif** jeweilig – 8 **être miné** être triste, déprimé – 14 **recueillir** adopter – 18 **une cloche** Glocke – 19 **en compagnie de** avec – 20 **un anneau** Ring – 20 **surmonté** *ici :* coiffé – 21 **une couleur corbeau** de couleur noire avec des teintes de bleu – 21 **en désespoir de cause** parce qu'il n'y a plus d'autres solutions – 22 **détourner les yeux** regarder ailleurs – 22 **un dégoût** ≠ un plaisir – 25 **la racaille** un groupe de jeunes voyous (Halbstarke)

ou look « Kainry », pour Ricain, avaient la côte. Jeans baggy qui descendaient aux genoux, T-shirt XXXL, casquette vissée sur la tête, Nike requin. Il y avait aussi quelques garçons et filles qui affichaient des habits de skatteurs, mais la grande
5 tendance était à l'évidence au look « fashion » : petit jean, petit tee-shirt et du gel dans les cheveux. Les filles, à part l'unique Gothique de la classe et les deux « skatteuses » en débardeurs qui faisaient office de garçons manqués, avaient toutes le nombril à l'air, un pantalon taille basse et des accessoires de
10 luxe. En résumé, ma classe était un défilé de mode à elle seule, et une campagne de publicité gratuite pour un bon paquet de marques.

Et moi dans tout ça ?

Moi, je ne ressemblais à rien.

15 Et je me suis retrouvé assis à côté de la Gothique. Les deux canards boiteux dans le même coin, ghetto des mauvais joueurs.

Ma compagne de quarantaine a mis trois semaines avant de daigner me dire son prénom :

20 – Caroline. Mais je déteste. Je préfère qu'on m'appelle Kara.

Quinze jours plus tard, après que je lui ai demandé le nom du groupe qui éructait à longueur de journée dans les oreillettes des son I-pod, elle m'a posé sa première question depuis la rentrée en me demandant ce que j'aimais comme musique.

25 J'ai été incapable de lui répondre et j'ai compris à quel point mes quatre années à Mayotte m'avaient coupé de ce qui était censé être mon monde. Kara a haussé un sourcil et je pense que comme Lydie, et avec un vocabulaire aussi fleuri, elle a dû se dire que j'étais profondément ennuyeux.

30 Quelle musique j'aimais ? Quelles fringues ? Quels films ? Je n'en savais rien. Sincèrement rien.

---

1 **un Ricain** *fam* un Américain – 4 **afficher** porter – 4 **un habit** un vêtement – 9 **un nombril** Bauchnabel – 16 **un canard boiteux** lahme Ente – 18 **un compagnon** → accompagner qn – 19 **daigner** accepter de faire qc – 22 **éructer** *hier* : ausstoßen – 22 **à longueur de journée** tout le temps – 22 **une oreillette** qu'on met dans l'oreille pour écouter de la musique – 27 **hausser** lever – 27 **un sourcil** Augenbraue – 29 **ennuyeux** → l'ennui *m*

Je n'arrivais pas à m'intéresser à ce qui faisait la vie des gens de mon âge. À ce qui aurait dû faire la mienne.

Un soir, à table, maman m'a demandé si j'allais bien et m'a dit qu'elle me trouvait morose.

5 – Morose ! s'est écrié ma sœur. Tu veux dire chiant à mourir !

– Lydie ! Ne parle pas comme ça de ton frère ! s'est insurgée ma mère.

– C'est le redoublement, est intervenu mon père. Tu t'ennuies au collège, non ?

10 – Oui, j'ai répondu.

Ce qui était vrai, mais qui n'expliquait qu'en partie ce qu'ils prenaient pour de la morosité.

– Hugo a toujours été un enfant réservé, a dit mamie. Déjà petit, il était soucieux, anxieux, à toujours réfléchir à tout…

15 Puis elle s'est adressé à moi.

– Tu sais, mon chéri, il faut savoir profiter de la vie. Tu es jeune, mais ça ne durera pas toujours !

Il était vrai qu'à différentes périodes de ma vie, j'avais eu l'impression d'être plus vieux que mon âge et surtout de 20 toujours attendre. Attendre quoi ? Je n'en avais aucune idée, même si, dans les bras de Zaïnaba, j'avais eu l'impression de trouver la réponse. D'ailleurs, cette histoire d'amour devait tenir une place de choix dans les raisons de ma morosité. Comment redevenir un adolescent ordinaire, prisonnier de la 25 vie de ses parents et de sa scolarité, à qui l'on dit quoi faire, à qui l'on donne un emploi du temps et de l'argent de poche après avoir eu l'enivrante illusion d'être enfin devenu un homme ?

Cette soirée était l'une des premières que nous passions dans 30 la nouvelle maison, et papi et mamie venaient de faire le tour du propriétaire en s'émerveillant à chaque pièce.

---

4 **morose** triste – 6 **s'insurger** *ici :* se rebeller, protester contre ce que qn vient de dire – 8 **un redoublement** refaire un an dans la même classe – 8 **intervenir** *ici :* prendre part à une discussion – 9 **s'ennuyer** ressentir de l'ennui – 12 **la morosité** *f* le fait d'être triste – 14 **anxieux** inquiet – 17 **durer** dauern – 24 **prisonnier** ≠ libre – 31 **s'émerveiller** in Entzückung über etw geraten

Lydie et moi avions chacun notre chambre, dans lesquelles une surprise nous attendait : chacun un ordinateur relié à l'Internet. Les murs de mon antre avaient finalement été peints en une teinte orangée que j'ai aussitôt trouvée atroce mais sur laquelle je me suis bien gardé de faire des commentaires étant donné que je m'étais désintéressé des travaux. Lydie, elle, avait choisi un rose assorti à sa garde robe de Lolita de compétition.

À partir de notre emménagement, mes parents se sont mis à courir les boutiques de décoration d'intérieur. Ma mère passait la plus grande partie de son temps le nez dans des magazines de déco et le reste à essayer d'en appliquer les conseils. Et a commencé une longue série de dîners. Plus un samedi soir sans un couple d'amis, de collègues, d'anciens copains de fac. Au programme : visite du propriétaire, émerveillement des amis devant le bon goût de mes parents (du grège par-ci, du « taupe » par-là, de la peinture à l'éponge dans les chambres ; des trucs de *Elle déco*), échange de bonnes adresses pour les accessoires, les bougies, les vases de créateurs... À table : régime crétois et nouvel échange d'adresses pour l'huile d'olive première pression à froid, les épices et l'huile de colza bio. Mais surtout, pendant le dîner, l'inévitable récit des quatre années passées à Mayotte. Tout y passait : la misère, la luxuriance de la nature, la saison des pluies, le faible niveau scolaire, la circulation automobile, la plongée sous-marine, la polygamie...

Je m'arrangeais toujours pour me réfugier dans ma chambre après les inévitables tomates mozzarella et je me défoulais en écrivant à Françoise à qui je disais combien j'étais exaspéré tant par les adultes que par mes camarades de classes.

---

3 **une antre** *ici* : la chambre d'Hugo – 4 **une teinte** une couleur – 4 **atroce** horrible – 7 **assorti** passend – 8 **un emménagement** le fait de s'installer dans une nouvelle maison – 13 **la fac** *fam* l'université – 14 **un émerveillement** → s'émerveiller – 15 **grège** *ici* : d'une couleur gris-beige – 16 **taupe** *ici* : d'une couleur gris-bleu – 19 **crétois** qui vient de la Crète – 20 **le colza** Raps – 21 **un récit** une histoire – 23 **la luxuriance** se dit de la végétation quand elle pousse en abondance (Üppigkeit) – 27 **se défouler** sich abreagieren

< Mes parents sont des petits bourgeois minables !

Ils ne pensent qu'à prouver aux autres qu'ils ont encore mieux réussi leur vie qu'eux et c'est le grand tournoi des signes extérieurs de richesse ! Et mon canapé Machintruc par-ci, et
5 *ma lampe Jeancharlesbidule par là, et mon jonc de mer sur les marches de l'escalier, et ma livebox, et mon nouveau téléphone portable Motorokiagem nouvelle génération… Tout ça ne vaut pas mieux les garçons à l'école primaire qui jouent à savoir qui a la plus grosse ! >*

10 Le lendemain matin, j'avais reçu sa réponse :

< Ton message m'a bien fait rire, Hugo. Mais n'oublie jamais que pour que la lucidité soit un formidable atout, elle doit toujours s'accompagner d'une pincée d'indulgence. >

L'indulgence, j'avais du mal. Chez un bouquiniste de Lille,
15 j'avais acheté un livre rien que pour son titre : *Tout m'énerve.* Je ne l'ai jamais lu, mais à le voir comme ça chez le marchand, j'ai eu l'impression qu'il avait été écrit pour moi.

J'allais bientôt avoir seize ans, et mes parents m'ont demandé quel cadeau me ferait plaisir.
20 – Rien, j'ai répondu. J'ai déjà tout ce qu'il me faut.

– Ne dis-donc pas de bêtises ! C'est ton anniversaire, on a envie de te faire un beau cadeau, a répliqué ma mère.

– Ah ! Alors si c'est pour vous faire plaisir à vous, pourquoi vous me demandez ce que je veux ?
25 Mon père a quitté la pièce en clamant :

– T'es vraiment chiant, Hugo !

Et ma sœur a ajouté :

– Ah ! Qui c'est qu'avait raison !

Le cadeau d'anniversaire est revenu plusieurs fois sur
30 le tapis, et j'ai essayé d'expliquer mon point de vue sans

---

1 **être petit bourgeois** spießig sein – 1 **minable** nul, petit – 2 **prouver** montrer – 4 **un canapé** Sofa – 5 **un jonc** Binse – 13 **une pincée** *ici :* un tout petit peu – 13 **l'indulgence** *f* la tolérance – 14 **un bouquiniste** une personne qui vend des vieux livres – 29 **revenir sur le tapis** *fam* redevenir le sujet d'une conversation

m'énerver. Mais chaque fois, je m'emballais malgré moi et je finissais par être désagréable.

– Sans rire, j'ai tout ! Même beaucoup trop ! Tu trouves pas, papa, qu'on a trop de choses, d'objets, d'habits,
5 d'engins électroniques. Regarde, on a trois ordinateurs à la maison, quatre téléphones portables, une ligne fixe avec un combiné sans fil dans chaque pièce, un réfrigérateur qui fait des glaçons !… Quand on pense que les trois quarts de la population mondiale crèvent de faim et de soif !
10 – Ah ! Nous y voilà.

– Mais oui, nous y voilà ! Dans ma classe, ils seraient prêts à tuer père et mère pour la dernière paire de baskets fabriquées en Asie !

– Et tu ne crois pas que dans ces pays d'Asie où, justement, la
15 vie est si dure, ils sont bien contents de trouver du travail dans les usines qui fabriquent ces baskets à la mode ici !

Je n'étais pas d'humeur à me laisser déstabiliser, ni même à ne serait-ce qu'écouter les arguments de qui que ce soit.

– Sauf que les ouvriers de ces usines sont sous-payés ! Qu'ils
20 n'ont pas le droit aux heures sup ! C'est dégueulasse !

– Les choses ne sont pas si simples, Hugo. Le monde n'est ni noir ni blanc. Plutôt gris.

– *Notre* monde est dégueulasse !

– Et tu crois que gâcher ta fête d'anniversaire va le rendre
25 meilleur ?

– Mais putain, si tout le monde changeait de façon de vivre, ça ferait peut-être bouger les choses ! Ça te révolte pas, toi, que des enfants n'aient rien à manger en Afrique alors qu'ici, ils deviennent obèses ! C'est dégueulasse, putain !

---

1 **s'emballer** *fam* s'énerver, se mettre en colère – 5 **un engin** un appareil – 6 **une ligne fixe** une ligne de téléphone – 7 **un combiné** la partie d'un téléphone que l'on tient à son oreille et dans laquelle on parle – 7 **un réfrigérateur** Kühlschrank – 8 **un glaçon** un petit cube de glace – 9 **crever** *fam* mourir – 12 **fabriquer** faire – 17 **être d'humeur à** avoir envie de – 17 **déstabiliser** verunsichern – 20 **les heures sup** *fpl fam Abk* les heures de travail que l'on fait en plus de ses heures normales – 20 **dégueulasse** *fam ici :* immoral – 24 **gâcher** saboter, faire rater

Mon père ne m'a pas répondu, sinon pour me dire de surveiller mon langage. Je suis remonté dans ma chambre et j'ai claqué la porte derrière moi, furieux, plus contre moi-même qui était incapable de m'exprimer calmement que 5 contre mon père.

Et il m'a bluffé, quatre semaines plus tard, quand la date de mon anniversaire a bien fini par arriver. Un paquet m'attendait sur mon assiette ; une boîte rectangulaire, entourée de papier cadeau et d'un bolduc doré. De toute évidence, il s'agissait 10 d'une paire de chaussures, et en ouvrant le paquet, je me suis juré de les jeter à la poubelle s'il s'agissait de l'une des marques qui envahissaient ma classe, vampirisaient les spots de pub à la télé et dont les slogans étaient affichés sur les murs des villes.

C'était bien des baskets, mais comme je n'en avais jamais 15 vu.

Simple, noires et blanches, et surtout, sans aucune marque. Seulement un gros point sur le côté et un petit, rouge, sur le devant.

– Ce sont des Blackspot, a expliqué mon père. Pas de logo, 20 des matériaux bios, des semelles recyclables, et l'assurance qu'elles ont été fabriquées dans une usine qui respecte le droit des ouvriers. C'est du 100 % commerce équitable.

Le lendemain, au collège, ça n'a pas traîné. Avant même le début du premier cour, on m'avait déjà demandé la marque de 25 mes nouvelles baskets.

J'avais été faire un tour sur le site Internet où mon père avait commandé les chaussures, et j'y avais trouvé suffisamment d'informations pour savoir quoi répondre :

2 **surveiller son langage** faire attention à la façon dont on parle, parler correctement –
3 **claquer la porte** fermer une porte de façon brutale – 3 **furieux** en colère – 6 **bluffer qn** surprendre qn, faire une chose à laquelle la personne ne s'attend vraiment pas –
8 **rectangulaire** rechteckig – 9 **un bolduc** Geschenkband – 9 **doré** → or – 11 **se jurer** se promettre – 12 **vampiriser** *ici* : envahir, prendre toute la place – 12 **un spot de pub** une publicité qui passe à la télévision – 22 **le commerce équitable** Fairtrade – 23 **ça n'a pas traîné** c'est arrivé très vite – 27 **commander** *ici* : acheter à distance

– C'est pas une marque, justement. C'est des Blackspot, des chaussures pour ceux qui refusent d'acheter les marques habituelles, des chaussures ou des T-shirts fabriqués à l'autre bout du monde par des enfants ou des ouvriers exploités.

5   Les autres m'on regardé avec des yeux ronds et s'il avait été là, j'aurais embrassé mon père en remerciement pour le quart d'heure de gloire qu'il m'avait offert. Même le regard que Kara portait sur moi venait de changer, passant du mépris à la curiosité, ce qui, étant donné l'intensité de nos rapports, était
10   un progrès étourdissant.

Trois semaines plus tard, Tanguy, un garçon de ma classe, est arrivé une paire de Blackspot aux pieds.

  La semaine suivante, c'était au tour de Quentin. Puis de Mario qui, encore plus fort, s'était fait payer par ses parents le
15   dernier modèle Blackspot : les V2.

  C'était foutu. Ma mini révolte anti-marque, antilook, était devenue la dernière tendance de mon bahut. Chacun voulait sa paire de Blackspot pour être à la pointe de la mode.

  Dégoûté, vexé aussi, sans doute, de ne plus être le seul à
20   posséder ces baskets hors normes, j'ai fini par ressortir mes vieilles Nike de mon placard, en prenant soin, comme c'était expliqué sur le site des Blackspot shoes, de maquiller leur logo de noir à l'aide d'un marqueur indélébile.

---

4 **exploité** qui ne gagne pas assez d'argent pour le travail qu'il fait – 6 **un remerciement** → remercier – 7 **la gloire** la célébrité, la popularité – 9 **une curiosité** Neugier – 9 **un rapport** Zusammenhang – 10 **étourdissant** sensationnel – 17 **un bahut** *fam ici* : un collège ou un lycée – 19 **dégoûté** angeekelt – 19 **vexé** gekränkt – 20 **hors normes** différent – 21 **un placard** Schrank – 21 **prendre soin de** *ici :* faire attention à – 23 **indélébile** qui ne part plus (au lavage)

10

Un dimanche matin, alors que tout le monde dormait encore
à la maison, j'ai installé sur la boîte aux lettres de la maison
une étiquette sur laquelle j'avais écrit : PAS DE PUB. J'avais
l'impression d'être un pirate, un rebelle, mais mes parents
5 m'ont félicité le lendemain en constatant que la boîte n'était
plus envahie de prospectus.

– Quarante kilos par boîte et par an en France ! j'ai clamé. Un
million de tonnes de papier gâché chaque année !

Mais ils ne m'écoutaient déjà plus, reprenant là où ils
10 l'avaient laissée leur conversation les gros 4 x 4 urbains à la
mode vers lesquels mon père louchait de plus en plus.

– C'est des voitures de beaufs ! lui ai-je lancé un matin au
petit déjeuner. En plus, c'est super polluant !

Il a plaidé sa cause en disant que maintenant, nous vivions
15 à la campagne. Ben voyons ! Notre « campagne » était une
banlieue « chic et arborée » où il était impossible de trouver
le moindre chemin de terre susceptible de justifier l'achat
d'un véhicule tout terrain. La vérité était que mon père crevait
d'envie d'avoir, pour la première fois de sa vie, une voiture
20 chère, et même sans doute au-dessus de ses moyens. Mais qui
compléterait sa panoplie · maison dans un quartier résidentiel,
téléphone portable avec oreillette sans fil, connexion Internet
très haut débit, télé à écran plat, huile d'olive bio et costumes
de marque. Et comme avec un nouveau portable dont on
25 choisit la sonnerie, il aurait passé une demi-journée dans son

---

5 **féliciter** faire un compliment – 5 **constater** s'apercevoir – 8 **gâché** *ici :* dont on s'est
servi pour faire qc qui n'était pas nécessaire – 10 **urbain** pour la ville – 11 **loucher** *ici :*
regarder avec envie – 12 **un beauf** *fam* une personne aux idées étroites, vulgaire,
sans culture – 13 **polluant** ≠ écologique – 14 **plaider sa cause** donner des arguments
pour montrer qu'on a raison – 16 **arboré** avec des arbres – 17 **susceptible** *ici :*
capable – 18 **crever d'envie** *fam :* avoir vraiment très envie – 21 **une panoplie** un
ensemble d'accessoires – 21 **un quartier résidentiel** où l'on ne trouve que des maisons
luxueuses – 22 **Internet très haut débit** Breitband-Internetverbindung

4 x 4 à tester tous les boutons de son tableau de bord. Telles ma mère et ma sœur depuis notre retour, il avait un besoin compulsif de dépenser de l'argent, de consommer, d'acquérir des biens non pour eux-mêmes ou leur utilité mais pour l'effet 5 qu'ils produiraient sur les autres.

Bien sûr, tout cela, je ne l'ai pas compris seul. J'étais juste agacé par ces comportements, révolté par notre mode de vie d'une manière instinctive, brute, maladroite. C'est sur Internet, où je passais beaucoup de temps, que j'avais trouvé des mots 10 comme « compulsif », « mécanisme collectif » à mettre sur mon malaise ainsi que l'idée de mettre l'étiquette anti-pub sur la boîte aux lettres de la maison.

Tout avait commencé par le site des chaussures Blackspot sur lequel j'avais trouvé un lien vers un site en anglais sur 15 lequel, pour le peu que j'y avais compris, il était question de surconsommation, du fait que 20 % seulement de la population mondiale consomme 86 % des ressources planétaires, que la pub réduit l'être humain à un consommateur, qu'il ne peut y avoir de croissance et de développement économique infinis 20 sur une planète aux ressources limitées et que des militants essayaient de combattre cette folle course en avant.

En tentant de déchiffrer ces pages, j'ai senti mon cœur s'emballer. Soudain, je n'étais plus seul. Soudain, je n'étais plus fou. D'autres à travers le monde étaient révoltés, exaspérés, 25 choqués. D'autres, qui s'exprimaient sur Internet, avaient les mots pour dire ce qui m'empêchait de profiter de ma nouvelle vie en métropole. Il ne me restait plus qu'à traduire ces mots en français, ce que j'ai fait à l'aide de Google, en tapant *surconsommation, militants anti-pub,* et en découvrant

1 **un bouton** la partie d'un appareil sur laquelle on appuie pour le mettre en marche ou l'arrêter – 3 **compulsif** zwanghaft – 3 **dépenser** ≠ économiser – 3 **acquérir** *ici :* acheter – 7 **un comportement** façon d'être ou de se conduire – 8 **brut** ≠ subtil, fin – 8 **maladroit** ungeschickt – 10 **collectif** qui concerne un groupe – 14 **un lien** *ici :* une adresse Internet – 17 **planétaire** qui concerne toute la planète Terre – 19 **une croissance économique** Wirtschaftswachstum – 19 **un développement économique** une croissance économique – 19 **infini** qui n'a pas de fin – 20 **limité** ≠ infini – 21 **combattre** kämpfen gegen – 22 **tenter** essayer – 22 **déchiffrer** *ici :* comprendre

plusieurs sites français consacrés au sujet, à ceux qui se faisaient appeler les « Casseurs de Pub », les « Barbouilleurs », les « Déboulonneurs », les « Retourneurs d'affiches », la « Brigade Anti-pub » ou qui se regroupaient sous l'appellation
5   « Résistance à l'Agression Publicitaire ».

J'ai passé des heures à éplucher ces sites, découvrant ce qu'était la mondialisation, mais surtout l'alter mondialisation, le libéralisme, le marketing scolaire qui voit des marques financer des programmes éducatifs et faire de la pub indirecte
10 dans les écoles. J'ai découvert, stupéfait, qu'il existe une « journée sans achat », chaque mois de novembre, sorte de grève générale de la consommation. Une autre où les militants déversent sur la voie publique des amas de prospectus récupérés dans les boîtes aux lettres pour mettre en évidence
15 ce colossal gâchis de papier. J'ai lu des articles sur des usines en Asie et les conditions de travail des ouvriers qui fabriquent les vêtements qui envahissent la cour de mon collège. J'ai appris qu'il existait un magazine bimestriel intitulé *Décroissance*, des livres écrits sur le refus des marques, des logos, que s'organisait
20 une marche de la décroissance en juin, des manifestations contre le Grand Prix de Formule 1 de France qui symbolise aux yeux des militants le gaspillage suicidaire de nos sociétés de consommation à une époque où les ressources en pétrole s'amenuisent Il y avait également une semaine sans télé,
25 pour que chacun retrouve la jouissance pleine et entière de ses capacités intellectuelles et lutte contre la pensée unique et l'invasion des spots publicitaires dans son foyer.

---

2 **un casseur** → casser – 2 **un barbouilleur** Schmierfink – 3 **un déboulonneur** un casseur – 3 **un retourneur** *ici :* qui retourne les affiches de pubs pour cacher leur message – 4 **une appelation** un nom – 6 **éplucher** *ici :* lire avec attention toutes les informations qu'on trouve sur un même sujet – 7 **la mondialisation** la globalisation – 12 **une grève** le fait d'arrêter de travailler pour protester contre qc – 13 **déverser** *ici :* (aus)schütten – 13 **la voie publique** la rue – 18 **bimestriel** qui paraît tous les deux mois – 18 **la décroissance** ≠ la croissance – 22 **un gaspillage** un gâchis – 22 **suicidaire** *ici :* qui se terminera mal – 24 **s'amenuiser** qui est en train de disparaître – 25 **une jouissance** *ici :* le fait de pouvoir se servir de qc – 26 **les capacités intellectuelles** *fpl* l'intelligence – 27 **un foyer** *ici :* l'endroit où l'on vit

J'étais assoiffé d'informations, autant que submergé par elles. Ma connaissance du monde et de son fonctionnement était trop partielle pour que je saisisse l'ampleur de ce que j'apprenais mais j'étais exalté de découvrir que ce que je
5 ressentais si confusément était au cœur des préoccupations de nombreuses personnes. Moi qui, depuis des semaines, ne parvenais plus à trouver ma place ni au collège ni dans ma famille, je venais de découvrir une communauté qui, même virtuelle pour le moment, partageait des sensations dont j'étais
10 en train de faire des valeurs. *Valore*, en italien, comme dans le poème que m'avait envoyé Françoise et que je trouvais soudain encore plus beau.

Quand les vacances de Noël ont débuté, j'ai déclaré à mes parents que je ne voulais plus regarder la télé. La météo
15 sponsorisée par un revendeur d'électroménager, le film du soir par une marque de café, le conseil diététique du jour par un fabriquant du surgelé… À quand les pubs sponsorisées par une grande marque ? Même le cinéma était pollué par la publicité, à l'image de ce film qu'on avait loué en DVD où Tom Cruise
20 joue un tueur qui s'arrange pour décrocher son téléphone portable Motorola face à la caméra toutes les cinq minutes !
    – Ta gueule ! m'a dit Lydie alors que pour la dixième fois depuis le début du film, je lui signalais une pub cachée au beau milieu d'une scène d'action.
25   – Tu te rends pas compte ! je lui ai dit. C'est du viol ! On peut plus regarder un film sans recevoir des messages de pubs ! C'est pareil dans la rue : combien de panneaux publicitaires on voit sans même s'en rendre compte entre la maison et le collège ? Tu as compté ? Moi oui : cinquante-six. Cinquante-six
30 panneaux, enseignes… Cinquante six marques. En quoi ? Vingt minutes de voiture ?

---

1 **submergé** *ici :* qui reçoit trop d'informations à la fois pour vraiment les comprendre – 3 **partiel** ≠ complet – 3 **une ampleur** Umfang – 17 **surgelé** tiefgekühlt – 19 **louer** payer pour pouvoir se servir de qc pour un temps donné – 20 **décrocher** rangehen – 25 **un viol** *ici :* qc qui vous est fait contre votre volonté (Wille)

– Est-ce qu'on peut regarder le film tranquille ? m'a demandé Lydie en soupirant.

– Et c'est pareil sur Internet avec tous les pop up qui s'ouvrent avant que t'aies eu le temps de dégainer ta souris !
5 Si on se laisse faire, notre cerveau deviendra comme les boîtes aux lettres si pleines de prospectus qu'on ne peut même plus y glisser le vrai courrier ! Les vrais messages !

– *Je m'en fous, Hugo !*

– C'est pour toi que je dis ça ! Surtout toi, avec tes magazines
10 débiles qui te préparent à une vie de bonne accro à la consommation. C'est quoi le dossier du mois de décembre, en dehors que « Comment faire craquer les premiers de la classe ? » : « Préparer les soldes de janvier ?»

Ma sœur a pris la télécommande et a mis le film sur pause.
15 – Tu vas me lâcher, putain ? m'a-t-elle dit en me regardant dans les yeux.

– Non. Je veux pas que tu deviennes une zombie. Que tu passes ta vie en rebondissant de boutique en boutique et le reste du temps le cul vissé devant la télé.
20 – Tu fais ch…

Je l'ai interrompue.

– Tu devrais faire un test. Fais la liste des marques que tu connais de mémoire, des pubs que tu connais par cœur, dont tu peux réciter le slogan. Moi, je l'ai fait : y en a déjà dix pages,
25 et ce n'est qu'un début ! Dix pages, Lydie !… Vas-y, cite-moi des marques !

– Findus, a commencé Lydie en levant les yeux au ciel. Renault, Nokia, Hewlett Packard, Motorola, Carrefour, Darty, Auchan… Pimky, Colgate, L'Oréal, Vania, Calvin Klein,
30 Converse, Puma, Nike, Danone, Vittel, Président, Bonduelle, Badoit, Perrier, Maggi…

---

2 **soupirer** seufzen – 4 **dégainer** *ici :* se servir – 10 **débile** idiot – 12 **faire craquer** *hier :* bezaubern – 14 **une télécommande** un appareil qui sert à contrôler un autre appareil à distance – 15 **lâcher** *fam* laisser tranquille – 15 **putain** *vulg* Scheiße – 18 **rebondir** *ici :* passer d'une chose à une autre sans jamais faire de pause – 19 **avoir le cul vissé devant qc** *vulg* rester assis devant qc – 25 **citer** *ici :* dire le nom de qc

On ne pouvait plus l'arrêter. Si elle avait hésité pour les premiers noms, elle s'était rapidement mise à citer marque après marque sans plus avoir besoin de réfléchir, par association d'idées, faisant mentalement le tour de la maison,
5 de la cuisine, du réfrigérateur et de son contenu, de la salle de bains, de sa penderie, de la route pour aller au collège, des boutiques qu'elle aimait à Lille. Surtout, si, au début de sa liste, elle avait eu un ton contrarié et forcé, elle avait rapidement pris plaisir à ce petit jeu, allant juste qu'à réciter quelques
10 slogans, puis à chanter joyeusement le refrain de leurs spots publicitaires.

Quel pourcentage du cerveau de ma sœur était consacré aux marques? Quels achats futurs ou présents seraient conditionnés par ce hold-up de ses neurones? Plus tard,
15 sans même en avoir conscience, achèterait-elle une marque de baskets particulière à ses enfants parce que quelque part au fond de son cerveau, tournerait encore une ritournelle entendue quatre ou cinq fois par jour à la télé quinze ans plus tôt?

20 Le 25 décembre, comme deux ans plus tôt, nous nous sommes réunis chez mamie et papi. Aline, la sœur de maman, est arrivée seule avec Thomas et Guillaume, ses jumeaux de huit ans, car elle était en plein divorce. Par contre, pépé, le père de mon père, n'était pas venu car il se sentait trop fatigué pour
25 faire le voyage.

Il y avait une montagne de cadeaux au pied du sapin qui touchait le plafond. Pour la première fois de ma vie, je n'étais pas heureux d'être à Noël. Cette année, cette fête que j'avais toujours adorée me semblait indécente. J'étais physiquement
30 mal, à la limite de la nausée.

---

8 **contrarié** énervé – 8 **forcé** ≠ naturel – 12 **un pourcentage** une proportion – 17 **une ritournelle** une chanson – 22 **les jumeaux** *mpl* deux enfants né au même moment de la même mère – 23 **un divorce** Scheidung – 29 **indécent** obscène – 30 **la nausée** Übelkeit

Quand j'ai refusé d'ouvrir mes cadeaux, papa et maman ont fait signe discrètement aux autres de ne pas faire de remarques, me traitant en malade dont il faut ménager le moral et la susceptibilité.

5 Depuis plusieurs semaines, ils ne savaient plus comment me prendre et nous nous parlions le moins possible. Ils ne me comprenaient pas, alors que j'aurais tant voulu qu'ils m'aident à me comprendre moi-même.

J'avais décidé de ne rien dire, de rester muet dans mon 10 coin. Mais quand Aline a offert à ses jumeaux un coffret DVD d'une série télé de son enfance dont la pub passait en boucle sur toutes les chaînes depuis le mois d'octobre, je n'ai pas pu m'empêcher de lui voler dans les plumes. Hargneux, méprisant, maladroit, je lui ai dit qu'elle était prisonnière des heures 15 qu'elle avait passées devant la télé. Citant une phrase lue sur le site des « casseurs de pub », je lui ai lancé que la télé fabriquait les consommateurs de demain, les bons petits soldats de la mondialisation, et que ses jumeaux, qui fredonnent dès le petit déjeuner des musiques de pubs qui deviendront leur 20 « Madeleine de Proust », offriront pour Noël à leurs rejetons les compilations des pubs de leur enfance.

Fragilisée par son douloureux divorce, Aline a fondu en larmes en disant :

– *Je fais ce que je peux !*

25 La fête était gâchée, et pas un mot n'a été échangé dans la voiture entre Béthune et Bondues.

Je me suis aussitôt enfermé dans ma chambre et me suis allongé sur mon lit. Mes ambitions, mes aspirations dépassaient mon intelligence, mes capacités. Je ne savais plus 30 où j'en étais. La seule chose dont j'étais sûr, c'est que j'étais plus heureux avant.

---

3 **ménager** *ici :* faire attention – 4 **la susceptibilité** le fait d'être très sensible –
11 **une pub** *Abk* une publicité – 11 **en boucle** tout le temps – 13 **hargneux** agressif –
13 **méprisant** verächtlich – 18 **fredonner** chanter à voix basse et d'une façon peu
claire – 20 **un rejeton** *fam* l'enfant de qn – 22 **fragilisé** geschwächt – 27 **s'enfermer**
s'isoler – 28 **une aspiration** un rêve, un désir – 29 **dépasser** *ici :* aller au-delà des
compétences de qn

11

Pépé habitait un petit village en Eure-et-Loir, perdu au milieu des champs de la Beauce.

C'est chez lui qu'on m'a envoyé pour terminer mes vacances de Noël. Je crois que c'était une sorte de punition. C'était aussi
5 le moyen pour ma famille de passer quelques jours sans moi et ce que tous voulaient mettre sur le compte de « ma crise d'ado ».

Ça faisait des années que je n'étais pas venu chez pépé. Le village n'est pas beau, composé d'une petite dizaine de rues
10 et venelles bordées d'anciennes fermes aux murs de bauge et de maisons « neuves » déjà vieilles et fatiguées. Il y avait aussi une petite mairie, une bibliothèque ouverte deux heures par semaines, une salle des fêtes et un étang.

Je me souviens qu'enfant, tout m'émerveillait ici et que
15 chaque jour, qu'il pleuve ou qu'il vente, mon grand-père et moi faisions la même promenade. Nous passions le long du ru qui borde le fond du jardin et Pépé me montrait fièrement les mulettes à moitié enterrées dans la vase, ces grosses moules d'eau douce qui supportent si mal la pollution qu'elles
20 ont déjà presque disparu des cours d'eau de France. Nous longions ensuite un pré qu'occupait le cheval du cantonnier du village, puis nous faisions le tour de l'étang, suivis par les canards qui me réclamaient bruyamment le pain rassis que je leur apportais quotidiennement. Une ruelle nous menait
25 ensuite vers la cloche du village, à l'emplacement des ruines de l'ancienne église. Mon grand jeu était de ramasser des petits cailloux et de les jeter contre la cloche pour la faire

---

4 **une punition** Strafe – 7 **un ado** *Abk* un adolescent – 10 **une venelle** une très petite rue – 10 **la bauge** une sorte de mortier (Mörtel) – 13 **un étang** un petit lac – 16 **une promenade** → se promener – 17 **un ru** un petit ruisseau (Bächlein) – 19 **une moule** Muschel – 19 **supporter** résister à, survivre à – 21 **un pré** un terrain couvert d'herbe qui sert à nourrir (füttern) les animaux – 21 **un cantonnier** qui s'occupe de l'entretien (Instandhaltung) des routes – 23 **réclamer** *ici :* vouloir – 23 **bruyamment** ≠ en silence – 23 **rassis** sec – 24 **quotidiennement** tous les jours – 25 **un emplacement** un endroit occupé par qc – 27 **un caillou** Kieselstein

sonner. Nous retournions ensuite au village à travers champs, longeant l'arrière d'une ferme où je donnais de l'herbe à cinq moutons qui me connaissaient si bien qu'ils bêlaient rien qu'en entendant le bruit de mes pas.

5   Pourquoi, en grandissant, doit-on perdre sa capacité à l'émerveillement ? Pourquoi se met-on à attendre autre chose de la vie que ce qu'elle a à nous offrir ? La dernière fois que j'étais venu chez grand-père datait d'avant Mayotte, et donc d'une époque où j'étais encore un enfant. Et soudain, le village,
10 la maison, l'étang me paraissaient minables.

    Peu de choses avaient changé, sinon le trafic automobile sur la départementale qui passe devant la maison. Une zone industrielle ayant poussé dans la ville voisine, des camions se succèdent désormais dans le village, noircissant ses façades
15 et troublant son calme. La nuit, un halo lumineux orangé est visible à l'horizon, signe que le trou qui a vu naître mon grand-père n'est plus si perdu que ça, et sera bientôt happé par l'urbanisation, tout comme pépé – paysan que j'avais toujours vu porter les mêmes vêtements, qui n'avait changé de
20 voiture que deux fois, qui, le soir, mangeait toujours une soupe en écoutant France Inter et avait encore une montre qu'on remontait manuellement.

    – Demain, c'est jour de supermarché, m'a-t-il dit le lendemain de mon arrivée. Tu vas m'aider, si tu veux bien. Ça
25 me fatigue, maintenant. Je collectionne les points Super U. Encore 1000 et je peux avoir un appareil photo numérique.

    Je n'ai pas répondu, mais j'ai eu de la peine. Qu'est-ce que mon grand-père, qui était incapable de faire marcher le magnétoscope VHS que mes parents lui avaient acheté
30 quinze ans plus tôt, allait bien pouvoir faire d'un appareil photo numérique ? Mais, à force de recevoir chaque mois le

---

2 **longer** passer le long de qc – 3 **bêler** *pour un mouton* crier – 5 **grandir** *ici :* devenir plus vieux – 14 **se succéder** se suivre – 17 **happé** *ici :* rattrapé – 22 **manuellement** à la main – 25 **collectionner** faire une collection – 27 **avoir de la peine** être triste – 29 **un magnétoscope** un appareil qui lit les cassettes vidéos – 29 **VHS** une cassette vidéo

catalogue Super U, il en avait eu envie. On avait créé l'envie
en lui. Alors il ne se contentait plus d'acheter ce dont il avait
besoin, il consommait désormais, sans doute sensiblement
plus que nécessaire, pour accumuler les points bonus qui lui
5 permettrait de recevoir un cadeau dont il ne saurait quoi faire.

Pépé était devenu un vieillard, et j'ai bien cru que les cinq
kilomètres qui séparent la maison du supermarché allaient
être mes derniers. Au Super U, nous avons marché de son
pas traînant entre des centaines de boîtes de céréales, des
10 dizaines de pots de moutarde, des milliers de yaourts, autant
de crèmes glacées, des mètres cubes de soupes en briques,
trente mètres de sodas, vingt-cinq de viandes sous cellophane,
des montagnes de boîtes de conserve, des conteneurs de
produits surgelés, un étal de poissons dont la moitié finirait à
15 la poubelle, des pains de mie, aux noix, au sésame, à l'épeautre,
au graines de pavot. De quoi nourrir toute l'île de Mayotte
alors que le bourg où pépé faisait ses courses ne comptait
que cinq mille habitants qui avaient à leur disposition deux
supermarchés de la taille de celui-là.

20 Arrivé à l'une des dix-huit caisses, pépé était étourdi, si
fatigué qu'il a eu du mal à regagner la voiture. Je me suis
demandé comment il faisait pour se débrouiller seul dans ce
monde où il fallait une voiture et une carte à puce pour acheter
son pain et le soir, quand j'ai eu mes parents au téléphone, je
25 leur ai dit qu'il ne fallait plus qu'il conduise, qu'il était devenu
un danger public.

Maman m'a demandé comment j'allais, et je lui ai répondu :
– Très bien ! Je m'ennuie du matin au soir.

C'était vrai, mais ce que je n'ai pas dit à ma mère, c'est
30 que curieusement, je prenais plaisir à cet ennui. À cette vie

---

9 **les céréales** *fpl ici :* Getreideflocken fürs Frühstück – 10 **un pot** Glas – 14 **un étal** dans
les marchés et les supermarchés, table sur laquelle on expose les marchandises –
15 **l'épeautre** *m* une sorte de céréale (Dinkel) – 16 **une graine** Samen – 16 **le pavot**
Mohn – 16 **nourrir** donner à manger – 17 **un bourg** un gros village – 20 **étourdi** *ici :*
fatigué – 21 **regagner** *ici :* revenir à – 23 **une carte à puce** Chipkarte

immobile et minuscule de mon grand-père, à son jardin négligé, à ce voisinage de petits vieux, à cette campagne ordinaire, à cet air humide dans lequel se perdaient, au loin, les aboiements de chiens. Chez pépé, il n'y avait pas d'ordinateur,
5 pas Internet, nous n'allumions pas la télé, et il n'y avait même pas de réseau pour les téléphones portables. Les deux premiers jours, ce dernier point m'a manqué. Je me sentais nu, coupé du monde, perdu. Le matin au réveil, j'avais le réflexe de consulter ma messagerie, de regarder si j'avais reçu un SMS.
10 Pourtant, personne n'avait de raison de m'appeler sinon mes parents qui le faisaient sur la ligne fixe ! Mais même moi qui n'avais pas d'amis, j'étais accro au portable, et je me suis fait la réflexion que nous avions tous perdu, que nous nous étions tous fait irrémédiablement manipuler. Les marchands, petit à
15 petit, étaient parvenus à nous convaincre que notre vie était si palpitante, notre place dans la société si importante, qu'il nous fallait être joignable 24 heures sur 24. Un besoin avait été créé, parfaitement artificiellement, qui s'était mué en nous en véritable addiction physiologique. Plus personne ne peut
20 se passer de portable, et les parents finissent par en acheter à leurs enfants dès l'école primaire en se disant (ce qu'on leur a soufflé) que c'est pour leur sécurité. Et j'avais entendu quelques jours plus tôt Lydie parler de son portable avec une copine de sa classe en disant qu'elle voudrait le remplacer par
25 un modèle plus récent dont on pouvait changer la façade à loisir ! Lydie, qui était en 6ᵉ ! Son portable, qui n'était vieux que de six mois !

Chaque jour, je refaisais, seul, la promenade de mon enfance, et petit à petit, je sentais en moi s'abaisser le rythme de ma vie
30 et de mes besoins. Je marchais lentement, écoutant le bruit

---

2 **négligé** dont on ne s'est pas occupé – 2 **un voisinage** l'ensemble des voisins – 4 **un aboiement** le cri du chien – 9 **une messagerie** là où sont enregistrés les messages – 14 **irrémédiablement** que l'on ne peut plus changer – 16 **palpitant** qui excite – 17 **joignable** *ici :* que l'on peut appeler au téléphone – 18 **artificiel** ≠ naturel – 18 **se muer** se transformer – 25 **récent** ≠ vieux – 25 **à loisir** aussi souvent qu'on le veut

de mes bottes sur le sol, m'abandonnant à la contemplation passive de cette campagne dont le charme était de ne pas en avoir. Je pensais beaucoup, à tout, à Mayotte, à Zaïnaba, aux soldes avec ma grand-mère, au Noël gâché, à l'enfance de mon
5 grand-père dans ce même village, à son regard sur le monde qui a dû tellement changer depuis cette époque. Je pensais mais je m'efforçais de ne pas réfléchir, de ne pas me poser de questions, de ne surtout pas trouver de réponses.

À la tombée du jour, je faisais un feu dans la cheminée du
10 salon. C'était une pièce où mon grand-père n'allait jamais, où se trouvait une grande photo de son épouse – cette grand-mère très jolie qui était morte quatre ans avant ma naissance –, trois fauteuils, un service à café en porcelaine, la télé, un vieux tourne-disques et une quinzaine de livres posés sur une
15 unique étagère. Ils étaient tous du même auteur, dont je n'avais jamais entendu parlé : Christian Bobin.

Je les ai lus pendant cette semaine de vacances. Un par un, en commençant par celui de gauche et en terminant par celui de droite.
20 Je n'avais jamais rien lu de pareil. Il ne n'agissait pas, à de rares exceptions près, de romans, mais plutôt de livres de réflexions sur la vie, la mort, la religion, le temps qui passe. Je me suis parfois ennuyé dans certains paragraphes compliqués, mais d'autres m'ont émerveillé tant ils faisaient écho à ce qui
25 me tourmentait depuis des semaines et à ce qu'était en train de devenir ces vacances chez mon grand-père.

Et très vite, j'ai commencé à recopier des passages en me promettant de les envoyer par mail à Françoise une fois rentré à la maison :

30 *Il faut renoncer à être heureux pour rentrer au paradis*
Le paradis c'est d'être là.

---

1 **une botte** Stiefel – 1 **une contemplation** *ici* : le fait de regarder qc – 2 **passif** ≠ actif – 7 **s'efforcer** essayer – 13 **un fauteuil** Sessel – 14 **une quinzaine** environ quinze – 23 **s'ennuyer** ≠ s'amuser – 23 **un paragraphe** Absatz – 25 **tourmenter** occuper l'esprit – 30 **renoncer** ne plus vouloir

Beaucoup de très belles choses nous attendent, sans jamais s'impatienter de ne pas nous voir venir.

Une phrase, au début d'un livre à la couverture rouge, m'a fait pensé à pépé, à sa vie et à sa collection de point Super U :

5 *J'écris ce livre pour tous ces gens qui ont une vie simple et très belle, mais qui finissent par en douter parce qu'on ne leur propose que du spectaculaire.*

D'autres parlaient plus directement de moi :

Quand les enfants naissent, ils sont aussi pénétrés de l'éternel
10 *qu'un vieil ermite. C'est peu à peu, usés par les fausses nouveautés de la mode et du monde, qu'ils perdent toute leur science...*[3]

À 19 heures, je mettais la table dans la cuisine et mon grand-père faisait chauffer la soupe. J'ai toujours eu horreur de
15 la soupe de légumes et pourtant, j'éprouvais une véritable satisfaction à en manger chaque soir. Était-ce une forme de cure ou punition ?

Une punition pour quoi ? Pour mon comportement asocial depuis mon retour ? Pour ma vie d'enfant gâtée ? Pour avoir
20 abandonné et trahi l'amour de Zaïnaba ?

À table, nous parlions beaucoup, pépé et moi. Je lui ai raconté Mayotte, à ma manière, puis le retour en métropole et ma colère face à la marche du monde.

– Tu veux vivre à Mayotte ? m'a-t-il demandé.
25 C'était une question simple qui m'a mis face à mes contradictions : je refusais la vie métropolitaine mais je n'avais pas aimé celle de Mayotte.

3. Christian Bobin. Extraits de *Prisonnier au Berceau*. Mercure de France, 2005

3 **une couverture** Umschlag – 6 **douter de qc** ne pas être sûr de qc – 9 **pénétré** rempli, plein – 9 **l'éternel** *m* der Ewige – 10 **un ermite** un religieux qui s'est retiré du monde dans lieu désert, inhabité – 10 **usé** abgenutzt – 14 **faire chauffer** faire devenir chaud – 19 **un enfant gâté** un enfant qui reçoit tout ce qu'il veut – 20 **trahir** verraten

– Oh non ! j'ai répondu. De toute façon, là-bas aussi, c'est foutu ! Encore quelques années et ils vivront comme nous !

Où était la vérité, le juste milieu dont rêvait Françoise ?

Une vie qui me semblerait bonne ?

5   Je dormais dans l'ancienne chambre de mon père. Je la connaissais depuis toujours mais c'est comme si je la voyais pour la première fois. Il y avait des posters aux murs, qui dataient de sa jeunesse. Des groupes que je ne connaissais pas, mais surtout le portrait du Che, et un autre, caricatural,
10 qui se moquait d'un certain Pinochet. Deux autres étaient des affiches jaunies de propagande antinucléaire.

Il était soudain évident que mon père, à mon âge, avait été aussi en colère que moi contre son monde. Et plutôt que d'être heureux de le découvrir, cela m'a fait peur. Est-ce que,
15 comme lui, j'allais abandonner ma colère ? Est-ce que j'allais me résigner un jour et devenir à mon tour qui je voyais en lui : un petit bourgeois complice du système ?

Deux soirs avant mon départ, à table, pépé m'a parlé de son mariage. De cette grand-mère qui me fascinait depuis toujours
20 parce que, ne l'ayant pas connue, je l'avais imaginée.

– J'étais déjà fiancé, quand on s'est rencontrés. Avec la fille d'un voisin, un gros agriculteur qui possédait une grande partie des terres autour du village. Ça a fait toute une histoire quand j'ai dit que je ne voulais plus me marier ! Mais ta grand-mère
25 était tellement lumineuse. Il suffisait qu'elle arrive quelque part pour que tout soit à sa place.

– Elle avait quel âge quand…

– Cinquante-quatre ans. Le cancer. Moi, j'en avais soixante. Elle n'avait pas changé. Physiquement, si, mais elle était aussi
30 merveilleuse que le premier jour où je l'ai vue…. Tu sais, Hugo,

---

10 **un certain** *marque d'ironie de la part de l'auteur qui utilise « un certain » devant « Pinochet » pour faire croire au lecteur qu'il ne le connaît pas* – 16 **se résigner à qc** *accepter qc que l'on ne voulait pas* – 17 **un complice** *ici :* une personne qui participe à qc – 21 **fiancé** *qui a officiellement accepté de se marier avec qn (jdn heiraten)* – 24 **se marier** *heiraten* – 30 **merveilleux** *extraordinaire, fantastique*

j'ai voulu mourir, quand elle est partie. C'est impossible à expliquer, il faut avoir connu ça pour comprendre. Plus rien n'avait de sens sans elle. Rien. Je ne comprenais même pas pourquoi le jour prenait encore la peine de se lever le matin !
5 J'aurais préféré mourir, vraiment. La suivre. Continuer avec elle… Mais il y avait tes parents. Ton père adorait sa mère et il a été très secoué par sa mort. Alors j'ai tenu bon pour lui, et puis pour vous aussi. Pour connaître mes petits-enfants. Mais je te jure que si j'avais été seul, je me serais fait sauter
10 le caisson, que Dieu me pardonne. Je n'étais pas désespéré, j'étais perdu. Pour moi c'était évident : ma vie d'ici avait pris fin avec la disparition de ta grand-mère. Je pouvais passer à autre chose…

Mon grand-père était essoufflé d'avoir tant parlé. Nous
15 sommes restés silencieux un moment. Je regardais ses gros doigts tapoter nerveusement la toile cirée et j'essayais de le voir autrement qu'en grand-père, en homme d'un autre temps. J'essayais de l'imaginer en homme amoureux, passionné, en amant, en jeune époux, en jeune père, en veuf anéanti par le
20 chagrin. Comme moi, comme mon père, il avait aussi été un adolescent lancé à la découverte de la vie, essayant de se frayer un chemin, une identité dans un monde d'adultes. Comme lui, un jour je serai un vieillard inutile, un homme qui a fait son temps et dont les autres ne voient plus que la coquille usée
25 sans s'attarder au chemin qui l'a mené là. Sa vie. Quel vieillard serai-je un jour ? Quel passé aurai-je alors derrière moi ? Quelles hontes, quels regrets, quelles fiertés ?

Soudain, pépé s'est mis à pleurer.

– Ça fait vingt ans que je ne l'ai pas vue ! C'est trop. Je n'en
30 peux plus, Hugo !

4 **prendre la peine** s'obliger à faire qc – 7 **secoué** mitgenommen – 9 **jurer à qn** promettre à qn – 9 **se faire sauter le caisson** *fam* se tirer une balle dans la tête (sich eine Kugel in den Kopf schießen) – 10 **pardonner** ne plus être en colère contre qn pour le mal qu'il a fait – 10 **désespéré** sans espoir – 12 **une disparition** *ici :* la mort de qn – 15 **silencieux** *ici :* sans rien dire – 16 **tapoter (sur la table)** herumtrommeln – 16 **une toile cirée** Wachstuch – 19 **anéanti** niedergeschlagen – 21 **se frayer un chemin** avancer, ouvrir un chemin en écartant les obstacles (Hindernis) – 24 **une coquille** Schale – 25 **s'attarder** *ici :* s'intéresser

Ce chagrin intact après tant d'années m'a stupéfait. C'était la première fois que je voyais mon grand-père pleurer, et curieusement, son visage n'avait jamais semblé si jeune qu'en cet instant. Il était comme illuminé par ce chagrin, par
5 ces larmes si sincères qu'elles en étaient enfantines. Je ne savais quoi dire, quoi faire, quand j'ai senti monter en moi une émotion nouvelle : la compréhension parfaite de ce que ressentait mon grand-père. Alors moi aussi, je me suis mis à pleurer sur cette femme que je ne connaissais pas. Parce qu'il
10 n'y avait rien d'autre à faire. Parce que c'était la moindre des choses.

Après un moment, Pépé a sorti son mouchoir et s'est repris.
  – Pardon, Hugo. Pardon. Je ne voulais pas t'attrister.
  Tu sais, ça me fait plaisir que tu sois venu passer une
15 semaine ici. Tes parents m'ont dit que tu n'allais pas bien mais moi, je ne trouve pas. Je suis rassuré. Je lui ai souri, pas bien sûr de partager son optimisme.
  – Mes petits-enfants vont bien, il a ajouté. Mon fils a fait sa vie. Je crois que cette fois, tout est dit.
20 Je n'ai pas porté grande attention à ces dernières paroles, surtout qu'elles étaient prononcées, cette fois, sans plus de tristesse. Je n'y ai repensé que le lendemain, quand, à 8 heures, mon grand-père n'était toujours pas dans la cuisine pour le petit-déjeuner, lui qui se réveillait toujours entre 5 h 30 et 6
25 heures.
  Je n'ai osé entrer dans sa chambre qu'à 10 heures, et l'ai trouvé étendu sur le dos, mort et paisible.

Je ne sais pas pourquoi, mais j'ai attendu la fin d'après-midi pour prévenir mes parents. Entre temps, j'ai fait ma
30 promenade habituelle autour du village, je me suis préparé un déjeuner, j'ai lu et j'ai allumé un feu. La présence du corps de

---

12 **un mouchoir** Taschentuch – 13 **attrister** faire devenir triste – 27 **étendu** allongé

mon grand-père ne me faisait pas peur, ne me gênait pas. Elle me semblait naturelle, dans l'ordre des choses.

J'ai longuement regardé la photographie de ma grand-mère, cette femme qui avait fait perdre la tête à un jeune homme fiancé puis l'avait accompagné le restant de ses jours. Et je me suis dit que même si mes parents ne m'avaient pas appris à croire en Dieu, j'espérais que ces deux-là, quelque part, s'étaient déjà retrouvés.

Enfin, vers 17 h 30, j'ai composé le numéro de portable de mon père.

– Pépé est mort, j'ai dit.

Puis, quelques secondes après :

– Il n'a pas voulu se réveiller.

12

< J'ai beaucoup lu Christian Bobin, à une époque. Mais pas depuis longtemps. Le livre rouge dont tu me parles doit être plus récent, je ne le connais pas. Les extraits que tu m'as envoyés sont très beaux. Je comprends qu'ils t'aient touché, surtout avec la
5 *mort de ton grand-père. Je te comprends, Hugo. Je ne peux que t'approuver. Mais je n'ai pas de réponse à tes questions. Je ne sais pas où il faudrait vivre pour trouver un bon équilibre. Existe-t-il un bon équilibre ? N'est-ce pas à chacun de nous de l'inventer ? Je te comprends aussi quand tu dis que Mayotte n'est pas pour*
10 *toi. Moi, j'y suis par amour, pour mon mari, pour mes enfants qui y sont nés. Mayotte est vraiment devenue ma vie, mon chez moi. L'important est cette vigilance que tu as gagnée. Mais donne-toi du temps, Hugo. Ne sois pas trop pressé. Ta vie est devant toi, à bâtir. Mais en te lisant, en lisant la description que*
15 *tu me fais de tes camarades de classes, de ta petite sœur, je me dis que j'ai de la chance d'avoir mon âge, d'avoir 46 ans, et d'être née à une époque où les jeunes n'étaient pas encore un enjeu financier, un « cœur de cible » comme disent les publicitaires.*

Françoise.

20 *PS : bon courage pour l'enterrement. >*

Il n'y a pas d'église dans le village de pépé, et la cérémonie religieuse à eu lieu dans le bourg voisin. Nous n'étions que huit à y assister, ce qui m'a rendu plus triste que la disparition de mon grand-père elle-même. Je savais qu'il était volontaire pour
25 la mort depuis longtemps, qu'il l'attendait avec impatience,

---

6 **approuver qn** être d'accord avec qn – 12 **la vigilance** le fait de rester attentif (Wachsamkeit) – 14 **une description** → décrire – 17 **un enjeu financier** l'argent que l'on peut gagner ou perdre dans une compétition, une entreprise – 18 **un cœur de cible** le groupe de personnes à qui l'on veut vendre un produit – 20 **un enterrement** une cérémonie pendant laquelle on met un mort en terre – 23 **assister à qc** être présent à qc – 24 **être volontaire pour qc** vouloir qc – 25 **l'impatience** *f* l'état (Zustand) de qn qui a du mal à attendre qc ou qn

qu'il avait dû l'accueillir avec le sourire. Mais si peu de monde pour saluer la fin de toute une vie !

Au cimetière, des vieux du village qui n'avaient pas pu se rendre au bourg nous ont rejoints. Quand les croque-morts
5 ont commencé à faire descendre le cercueil dans la tombe sur laquelle était gravé le nom de ma grand-mère inconnue, je me suis éclipsé. Le cimetière est juste à la sortie du village, à quelques pas de l'itinéraire de notre promenade habituelle. J'ai marché dans nos pas à pépé et à moi, me demandant si je
10 parcourrais de nouveau un jour ce chemin, me sentant hors du temps, de mon âge, étant à la fois un enfant, un adolescent et un vieil homme. Pour la deuxième fois de ma vie, comme le jour où l'avion m'avait enlevé à Mayotte, j'avais conscience qu'une partie de ma vie s'achevait, que des lieux, des habitudes,
15 des sensations, allaient quitter la sphère de mon existence. Une sourde tristesse s'est petit à petit emparé de moi, et avec elle la conscience aiguë du caractère irréparable de la vie. Tout était dit, pour mon grand-père. C'étaient ses propres mots, et ils me frappaient soudain par leur justesse. Pour lui, c'était fait.
20 La vie était passée. Sa conscience du monde, des autres, du passage du temps, sa capacité à la douleur, à la joie, à la colère, au plaisir s'étaient éteints. Jusqu'à sa peine d'avoir perdu celle qu'il aimait. Tout ce qui avait fait de lui un être humain. Il n'était plus là. Il n'était plus. La bougie était soufflée. Sans
25 doute la maison allait être vendue, vidée de ses meubles pour que d'autres en prennent possession, y repeignent les murs, y installent leurs meubles, s'y aiment, s'y disputent, y regardent la télé, y mangent, y jardinent, y dînent dans la cour en été, y décorent des sapins de Noël, y élèvent des enfants, y soient
30 malade, y rient, y pleurent, y vieillissent et y meurent à leur tour.

---

1 **accueillir** recevoir – 4 **un croque-mort** qui s'occupe de transporter le(s) mort(s) au cimetière – 5 **un cercueil** boîte dans laquelle on met le mort avant de l'enterrer – 6 **gravé** écrit dans la pierre – 16 **s'emparer de qn** remplir qn, gagner qn – 17 **aigu** *ici* : vif, pénétrant (scharf) – 17 **irréparable** que l'on ne peut pas réparer – 19 **frapper** *ici :* toucher – 25 **un meuble** Möbel – 30 **vieillir** devenir vieux

J'avais la gorge nouée quand je suis arrivé près de la grosse cloche du village, la poitrine gonflée. J'ai ramassé des cailloux, comme je l'avais si souvent fait enfant et, des larmes coulant enfin de mes yeux, je les ai jetés un à un sur la cloche pour la
5 faire sonner en hommage à mon grand-père.

Le collège a repris deux jours plus tard et j'y suis retourné tel un automate, en me demandant s'il était censé se passer autre chose dans la vie que l'écoulement du temps. Si un jour, devenu sans même m'en rendre compte un vieil homme,
10 j'allais jeter un regard en arrière pour constater que rien ne m'était vraiment arrivé, que j'avais oublié mes rêves, mes ambitions, que je m'étais résigné à seulement exister.

J'étais déprimé, d'autant plus que débutaient les soldes d'hiver, repère temporel moderne, saison dans la saison. Et
15 déjà, j'étais moins choqué qu'en juillet dernier, moins en colère, plus résigné. Déjà, j'étais perdant.

C'est alors que j'ai rencontré Charly. C'était Charlotte, en vrai, mais tout le monde l'appelait Charly.

D'abord, je n'ai fait que l'apercevoir. Une chance incroyable,
20 comme si une force supérieure se débrouillait toujours pour que ce qui doit se passer se passe.

J'avais décidé à la rentrée d'aller au collège et d'en revenir en bus. Je ne voulais plus faire le trajet de la maison à Lille dans la voiture familiale, et je crois qu'au fond, mes parents et
25 ma sœur en ont été soulagés tant ma présence était devenue inconfortable.

Un soir, en revenant des cours, c'était un jeudi, assis dans le bus, le front appuyé contre la vitre couverte de buée, j'ai cru voir une silhouette en train d'escalader un grand panneau
30 publicitaire sur lequel on voyait une femme au bord de l'orgasme parce qu'elle venait de manger un yaourt. Je me

---

8 **l'écoulement du temps** *m* le temps qui passe – 20 **supérieur** *ici :* qui vient d'ailleurs, de plus haut – 28 **un front** la partie du visage au dessus des yeux (Stirn) – 29 **escalader** grimper – 29 **un panneau publicitaire** Werbeplakat

suis redressé, me suis aussitôt retourné et, le temps que le bus s'éloigne, j'ai pu confirmer mon impression.

Sans réfléchir, j'ai aussitôt appuyé sur le bouton d'arrêt et suis descendu à la station suivante. J'ai rebroussé chemin à
5 pied, courant pour ne pas arriver trop tard, à contre sens de la circulation, ébloui par les phares de voitures et des camions dont le vacarme couvrait le bruit de mes pas. Quand je suis arrivé en vue du panneau publicitaire, j'ai entendu un bruit métallique suivi d'un :
10 – Merde !

Je me suis approché pour constater qu'une bombe de peinture avait roulé jusque dans le caniveau, son propriétaire encore perché à deux mètres du sol. L'affiche que j'avais vue depuis le bus était déjà en partie recouverte de peinture
15 noire, la marque du yaourt partiellement effacée, le slogan publicitaire remplacé par un autre fraîchement peint : PUB = VIOL MENTAL. J'ai ramassé la bombe, me suis approché du panneau et ai tendu le bras vers le haut. L'autre était en train de redescendre avec une agilité déconcertante et s'est figé en me
20 voyant. Nous nous sommes fixés du regard un moment et j'ai vu qu'il s'agissait d'une fille d'à peu près mon âge, peut-être un peu plus. Il faisait nuit, mais à la faible lumière orangée d'un lampadaire et au hasard des pinceaux lumineux des véhicules qui passaient dans mon dos, j'ai pu voir qu'elle avait les yeux
25 très clairs et les cheveux blonds sous la capuche relevée de son sweat.

Elle a pris la bombe de peinture que je lui tendais, a hésité un instant puis est remontée en haut de l'affiche en seulement quelques mouvements précis.

---

2 **s'éloigner** s'en aller – 4 **rebrousser chemin** repartir par le même chemin que celui qu'on a pris pour venir – 6 **ébloui** qui a du mal à voir à cause d'une lumière trop forte – 15 **partiellement** en partie, pas complètement – 15 **effacé** *ici* : qu'on ne peut plus lire – 19 **l'agilité** *f ici* : caractéristique d'une personne qui bouge vite et facilement (Beweglichkeit) – 19 **déconcertant** qui étonne – 19 **se figer** arrêter de bouger – 23 **un lampadaire** (Straßen)laterne – 25 **une capuche** partie d'un vêtement que l'on peut mettre sur sa tête (Kapuze)

Une véritable acrobate. Une fois rendue, elle a bombé la marque de la boisson gazeuse qui restait visible et est aussitôt redescendue.

Mon cœur cognait ma poitrine et on s'est retrouvé l'un face
5 en face de l'autre.

– Tu veux ma photo ? m'a-t-elle demandé.

Il fallait que je trouve quelque chose à dire avant qu'elle disparaisse.

– Je peux t'aider ?
10 – Quoi ?

– Je peux t'aider, si tu veux ?

– J'ai besoin de personne.

Elle m'a tourné le dos et s'est éloignée à grands pas. Je l'ai suivie, sentant qu'il était en train de se passer quelque chose
15 d'important pour moi, en moi, même si je ne savais pas quoi.

Elle s'est arrêtée quelques secondes plus tard et m'a lancé :

– J'ai pas besoin de chien, non plus ! Pourquoi tu me suis ?

J'avais le souffle court, le pouls d'un sprinter, les mains légèrement tremblantes.
20 – Je veux faire comme toi.

– Faire quoi ?

– Taguer des affiches. Casser des pubs.

L'emploi de cette dernière expression a semblé l'amadouer et elle a froncé les sourcils. Puis elle m'a regardé de la tête aux
25 pieds. Ses yeux clairs se sont arrêtés quelques instants sur mes baskets et j'ai remercié le ciel de m'avoir fait choisir mes Nike au logo effacé ce matin dans mon placard. Tout s'est joué à ce simple détail.

La fille m'a regardé et m'a dit « OK » en me lançant sa bombe
30 aérosol.

– Vas-y !

---

1 **bomber** auf etw sprühen – 19 **légèrement** un peu – 23 **amadouer** plaire – 24 **froncer les sourcils** die Augenbrauen runzeln – 29 **qc à qn lancer** jdm etw zuwerfen

J'ai mis quelques secondes avant de comprendre, avec sans doute un air complètement débile, puis je me suis repris et ai jeté un coup d'œil autour de moi. Nous étions en banlieue de Lille, non loin d'une zone d'activité, et les panneaux
5 publicitaires ne manquaient pas. Il y en avait un juste en face de nous, de l'autre côté de la rue et du flux de voitures, camions et bus. Je me suis lancé, entendant derrière moi coups de freins et de klaxon, et suis arrivé sans encombre au pied du panneau qui vantait le rapport qualité prix d'une chaîne de meubles.
10 J'étais loin d'être aussi agile que celle dont je ne connaissais pas encore le prénom, mais un gros poteau électrique en béton m'a permis, sans difficulté, de me hisser à hauteur du logo du magasin. J'ai dû me servir de ma main gauche, me tenant au poteau de la droite, penché au-dessus du vide. J'atteignais
15 à peine l'affiche avec le jet de peinture et deux des lettres de la marque les plus éloignées étaient inaccessibles. Je me suis encore écarté du poteau, sur la pointe des pieds, ne me tenant plus que par le bout des doigts, et je suis parvenu à effacer les dernières lettres… juste avant de tomber.
20 Je n'ai pas eu le temps de crier que je me suis retrouvé vautré dans des sacs poubelles que mon poids venait d'éventrer. Pas de casse, sinon mon blouson déchiré et mon jean sale.
Je me suis relevé en essayant d'avoir l'air digne tout en faisant tomber de mes vêtements une peau de banane, des pépins de
25 mandarines et un peu de gras de jambon. Puis j'ai bravé une nouvelle fois la circulation automobile pour retrouver la fille qui se retenait difficilement de rire. Elle m'a tendu la main :
– Moi, c'est Charly.
– Hugo.

---

6 **un flux** en grand nombre – 7 **un coup de frein** le bruit d'une voiture quand elle s'arrête de façon inattendue – 8 **un klaxon** Hupe – 8 **sans encombre** sans problème – 11 **un poteau électrique** Leitungsmast – 12 **se hisser** grimper – 14 **atteindre** arriver jusqu'à – 16 **inaccessible** que l'on ne peut pas atteindre – 17 **s'écarter** s'éloigner – 18 **effacer** faire disparaître – 20 **vautré** *fam* allongé, étendu – 21 **éventrer** ouvrir largement (aufreißen) – 22 **déchiré** aufgerissen – 24 **un pépin** Obstkern – 25 **braver** accepter de courir un danger pour faire qc

Nous ne savions plus quoi nous dire et j'ai soudain eu peur de la perdre.

– On peut se revoir ?... Demain ?

– Demain... OK. Même heure, je termine à 5 heures.

5   – Où ?

Elle m'a indiqué le nom d'une station de bus de ma ligne, m'a dit « salut » et est partie d'un pas à la fois souple et rapide.

J'ai soudain pris conscience de l'heure tardive et j'ai couru prendre le bus suivant à l'intérieur duquel les passagers
10 s'écartaient à mon passage tant je puais la vieille poubelle.

À la maison, personne n'a remarqué mon retard et j'ai réussi à fourrer mon jean au fond de la machine à laver sans éveiller les soupçons.

Les heures suivantes m'ont donné l'impression de me
15 narguer à force de prendre leur aise. La soirée, la nuit dont j'ai vu chaque révolution s'afficher sur mon radioréveil, les cours du lendemain... Mon propre rythme de vie s'était soudain accéléré depuis que j'avais rencontré Charly et en comparaison, tout autour de moi semblait passer au ralenti.

20 Mais la nuit a fini par tomber, et mon bus par s'arrêter à la station à laquelle j'avais rendez-vous. Une fois encore, j'avais le souffle court et mes mains étaient tremblantes. Je commençais à me demander ce qui était en train de m'arriver quand Charly est apparue.

25 Cette fois, sa capuche était baissée et elle m'a souri. Je l'ai trouvée magnifique.

Ce soir-là, nous avons « effacé » cinq panneaux publicitaires et j'ai appris que Charly était en terminale, se préparant à passer avec un an d'avance un bac littéraire, et que le mercredi
30 et le samedi, elle fréquentait une école du cirque. Elle m'a

---

7 **souple** agile – 10 **puer** *fam* sentir mauvais – 12 **fourrer** *fam* mettre – 12 **éveiller les soupçons de qn** jds Verdacht erregen – 15 **narguer** se moquer de qn – 15 **prendre ses aises** *ici :* s'installer, durer – 16 **un radioréveil** un appareil de radio qui donne l'heure et permet de se réveiller (en musique) quand on le programme – 18 **s'accélérer** aller plus vite – 19 **en comparaison** dagegen – 19 **au ralenti** in Zeitlupe – 29 **le bac** *fam Abk* le baccalauréat

parlé de sa famille et d'un groupe d'amis militants, tous Lillois, qui avaient fondé une association de casseurs de pub : certains barbouillant les panneaux et écrivant des slogans anti-pub, d'autres retournant les affiches pour les transformer en espace
5 d'expression libre. Volubile, elle m'a dit qu'elle voulait faire des études de droit et plus tard, se lancer dans la politique, d'abord au niveau local, puis à l'échelle nationale. Elle était ambitieuse, vive, beaucoup plus au fait que moi du monde politique, économique et social et je n'osais rien dire de peur d'avoir l'air
10 maladroit et ignorant. Tout ce que j'avais entraperçu sur le Net, ce que j'avais seulement vaguement commencé à comprendre était déjà intégré, digéré et compris par Charly qui, avec son année d'avance et mon année de retard, n'avait en fait qu'un an de plus que moi.

15 Ce soir-là, ma mère m'a demandé pourquoi je rentrais en retard pour la deuxième fois de suite. J'ai menti en disant que j'avais raté mon bus. Mais en milieu de semaine suivante, alors que je continuais à retrouver Charly après les cours, elle m'a dit :

20 – Tu ne vas pas remettre ça ?

Ma mère a vu que je ne comprenais pas à quoi elle faisait allusion et elle a précisé :

– Tu ne vois pas une fille, au moins ? On a assez donné l'an dernier !

25 Les jours suivants, les semaines suivantes, Charly est devenue le centre de ma vie. Toute ma vie. Plus rien n'avait d'importance que cette demi-heure quotidienne que nous partagions, durant laquelle je l'écoutais pendant que nous barbouillions des pubs, détournions le sens des slogans sur des affiches, peinturlurions
30 le flanc des bus. J'avais l'impression d'exister auprès d'elle,

---

1 **un Lillois** une personne qui vient de la ville de Lille – 5 **volubile** qui parle beaucoup – 7 **à l'échelle** au niveau – 10 **ignorant** qui ne sait rien – 10 **entrapercevoir** deviner – 10 **le Net** Internet – 11 **vaguement** d'une façon peu précise – 12 **digéré** *ici :* compris – 22 **une allusion** Anspielung – 27 **quotidien** chaque jour – 29 **détourner** changer – 29 **peinturlurer** *fam* peindre avec des couleurs très vives et qui ne vont pas ensemble

de comprendre chaque jour un peu plus qui j'étais et qui je voulais devenir.

Pendant les vacances de février, Charly m'a présenté ses parents et ça a été un nouveau choc. Ils avaient l'âge des miens
5 mais c'était bien la seule chose qu'ils avaient en commun. Ils avaient l'air plus jeune, ne s'habillaient pas comme des « parents », ne parlaient pas comme des « parents », ne se comportaient pas avec leur fille comme des « parents.» Non seulement ils étaient au courant des activités « illégales » de
10 Charly, mais ils la soutenaient et faisaient partie de la même association militante qu'elle.

C'était un autre monde que le mien. Un monde dans lequel, j'en ai eu la certitude dès cette première rencontre, j'aurais pu trouver les réponses aux questions qui me rendaient la vie si
15 compliquée depuis mon retour en métropole.

Une semaine plus tard, honteux, j'ai amené Charly à la maison en l'absence de mes parents. J'avais pour projet de créer un blog anti-pub que je voulais baptiser *Tout doit disparaître* en référence à cette phrase placardée sur la
20 boutique où j'avais accompagné mamie pour les soldes de juillet. Charly avait proposé de m'aider et je lui avais dressé un portrait catastrophique de ma famille pour atténuer le choc qu'elle ne manquerait pas de subir en découvrant mon cadre de vie.
25 – C'est sympa, chez toi ! a-t-elle dit sincèrement en entrant dans la maison.

Je me suis aussitôt détendu, jusqu'à ce que Charly croise Lydie sur le palier du premier étage. Ma sœur était en rose de la tête au pied, des breloques dorées aux doigts et aux oreilles,
30 son téléphone portable pendant à son cou, des barrettes à paillettes dans les cheveux. Mon cauchemar ambulant.

---

10 **soutenir** unterstützen – 11 **militant** activiste – 16 **honteux** qui a honte – 17 **en l'absence** ≠ en présence – 18 **baptiser** *ici* : appeler, donner un nom – 19 **placardé** affiché – 22 **atténuer** faire que qc est moins dur à accepter – 23 **un cadre de vie** le milieu où l'on vit – 28 **un palier** *ici* : plateforme en haut d'un escalier – 29 **une breloque** un bijou sans grande valeur – 30 **une barrette** Haarspange – 31 **un cauchemar** ≠ un rêve

– Elle est mimi, ta sœur ! m'a simplement dit Charly quand nous sommes entrés dans ma chambre.

Finalement, la vie était belle !

Et elle le serait restée si je n'avais pas tout gâché une heure plus tard, alors que nous étions devant l'écran de mon ordinateur à travailler sur le blog.

Je n'avais cessé de regarder Charly depuis notre arrivée, sa façon de remonter sa mèche, la manie qu'elle avait de mordre sa lèvre inférieure avec ses dents si blanches, son cou long et fin qui se tendait quand elle renversait la tête en arrière pour rire. Je la trouvais parfaite dans ses vêtements amples qui formaient un look indéfinissable. Mieux que parfaite, même. Et ça a été plus fort que moi, plus rapide aussi. Au hasard de notre travail, elle a tourné son visage vers le mien, ses yeux bleu clair dont je rêvais en secret la nuit, et j'ai pris son visage entre mes mains pour plaquer mes lèvres contre les siennes.

Charly s'est levée d'un bon, stupéfaite. Elle m'a regardé comme si elle ne me connaissait pas, a bafouillé qu'il était tard, qu'elle devait y aller, et est sortie de ma chambre.

Je me suis cogné la tête contre la porte fermée. Trente-deux fois, je les ai comptées. Je me suis arrêté quand j'ai commencé à me sentir étourdi et me suis laissé tomber sur mon lit, mortifié de honte et de regrets.

Je n'ai pas revu Charly le jour suivant, ni le suivant. Ni la semaine suivante. Le printemps est venu et elle ne répondait plus à mes messages, ne décrochait plus son portable.

Mon blog était en ligne, et j'espérais qu'elle le consultait de temps en temps. J'en étais sûr, en fait. Alors, malgré mon dégoût de tout, je continuais à l'alimenter, à écrire des tribunes militantes, à y relater mes actions désormais solitaires. Car je continuais à effacer des pubs dans la rue, pour Charly, pour qu'elle le sache. Je rêvais qu'elle passait devant une affiche

---

1 **mimi** *fam* mignon – 8 **une mèche** *ici :* (Haar)strähne – 8 **mordre** beißen – 9 **une lèvre inférieur** Unterlippe – 9 **une dent** Zahn – 11 **ample** large – 12 **indéfinissable** que l'on ne peut pas décrire – 23 **mortifié** *ici :* être malade de honte et de tristesse – 29 **alimenter** *ici :* compléter avec de nouvelles informations – 30 **relater** raconter

recouverte de peinture et qu'elle pensait à moi avec amertume et nostalgie. Avec désir, aussi. Je prenais mes « exploits » en photo avec mon portable et les mettaient en ligne.

C'est pour cela que j'ai eu l'idée « d'effacer » le distributeur
5 de boissons du collège. Pour l'impressionner, pour la ramener à moi.

La machine ne distribuait plus que des pommes et de l'eau, depuis qu'une loi interdisait de vendre des boissons sucrées dans l'enceinte des établissements scolaires. Mais l'appareil
10 lui-même n'en affichait pas moins encore les couleurs bleu, rouge, blanc, de Pepsi dont une énorme cannette était dessinée sur son flanc.

J'ai demandé à Kara de me filmer avec mon portable, ce qu'elle a fait avec le désintérêt qu'elle continuait à porter sur
15 tout, moi y compris. Une cagoule sur la tête, j'ai bombé le distributeur de la tête au pied jusqu'à ce qu'il soit entièrement noir, puis, sur le mur blanc, j'ai écrit en lettres rouges : HALTE AU HARCÈLEMENT PUBLICITAIRE !

Le soir-même, ce clip était en ligne sur mon blog. Le
20 lendemain matin, j'étais convoqué chez le principal du collège. Une semaine d'exclusion, et encore, le principal m'a dit qu'il avait été indulgent par égard pour mes parents qui étaient, je cite, « des membres respectables et performants de ses équipes enseignantes. »
25 Quand je suis rentré à la maison, j'ai trouvé la famille en effervescence. J'ai d'abord cru que c'était à cause de mon renvoi, mais l'arrivée d'une voiture de police m'a fait penser qu'il s'était passé quelque chose de plus grave.

---

1 **une amertume** sentiment de tristesse lorsque qn nous a déçu – 2 **un exploit** une action extraordinaire – 4 **un distributeur** *ici :* une machine qui distribue des boissons en échange de pièce de monnaie – 5 **impressionner** beeindrucken – 11 **une cannette** une petite boîte de métal avec une boisson à l'intérieur – 14 **un désintérêt** le fait de ne pas être intéressé par qc – 15 **une cagoule** un vêtement qui se porte sur la tête et cache tout le visage sauf les yeux – 18 **le harcèlement publicitaire** Belästigung durch Werbung – 21 **une exclusion** le fait de renvoyer qn – 22 **indulgent** qui excuse plus facilement – 22 **par égard** par respect – 23 **performant** capable de bons résultats – 26 **en effervescence** ≠ calme

Nous avions été cambriolés. En plein jour, sous le nez de nos voisins.

La télé à écran plat avait disparu, la chaîne hi-fi, nos ordinateurs, le lecteur DVD, les couverts en argent, le peu de
5 bijoux que maman ne gardait pas dans le coffre de sa banque, ma montre que j'avais oubliée le matin, deux lampes design, quatre coupes de champagne en cristal, le robot ménager Magimix chromé que ma mère s'était offert aux soldes de janvier, un tapis d'Orient de grande valeur.
10 Papa, livide, parlait aux policiers. maman et Lydie pleuraient devant le désastre. Je n'ai pu m'empêcher de penser que ce cambriolage allait me faire échapper à une sérieuse engueulade et suis monté dans ma chambre qui avait été visitée de fond en comble, les tiroirs de mon bureau vidés, mon lit retourné,
15 le contenu de mes étagères renversé au sol (y compris ma collection secrète de *Playboy* que je me suis empressé de cacher de nouveau en me demandant si mes parents avaient eu le temps de la voir.)

Je me suis assis sur mon lit sens dessus-dessous et j'ai
20 contemplé ce champ de bataille. L'idée que des étrangers étaient rentrés dans notre maison en notre absence, dans ma chambre, était déplaisante. Et pourtant, je me sentais curieusement serein, étrangement léger, insensible, « inatteignable. » Et en repensant à mes parents et à ma sœur
25 bouleversés au rez-de-chaussée, des bribes de phrases de *Mendiants et Orgueilleux*, le roman d'Albert Cossery, me sont revenues en mémoire :

---

1 **nous avions été cambriolés** bei uns wurde eingebrochen – 7 **un robot ménager** un appareil électrique pour faire la cuisine – 10 **livide** bleich – 11 **un désastre** une catastrophe – 12 **un cambriolage** → cambriolé – 12 **une engueulade** *fam* Anpfiff – 13 **de fond en comble** complètement – 19 **sens dessus-dessous** ≠ rangé – 20 **contempler** regarder avec attention – 22 **déplaisant** ≠ plaire – 23 **serein** calme, tranquille – 23 **étrangement** de façon bizarre – 23 **insensible** qui ne sent rien – 24 **inatteignable** que l'on ne peut pas atteindre – 25 **bouleversé** perturbé (erschüttert) – 25 **une bribe** un petit morceau

Les objets recelaient les germes latents de la misère, la pire de toutes, la misère inanimée […] Le dénuement de cette chambre avait pour Gohar la beauté de l'insaisissable, il y respirait un air d'optimisme et de liberté. […] Là où il n'y avait rien, la tempête
5 *se déchaînait en vain. L'invulnérabilité de Gohar était dans ce dénuement total ; il n'offrait aucune prise aux dévastations.*

En d'autres termes, nous sommes tous prisonniers de nos biens, et être libre, c'est ne rien posséder.

---

1 **receler** cacher, tenir secret – 1 **un germe** ce qui va se développer, grandir – 2 **inanimé** sans âme (Seele), sans vie – 7 **en d'autres termes** dit d'une autre façon

13

Deux semaines plus tard, depuis le CDI du collège, j'écrivais un message à Françoise. Ces phrases de *Mendiants et Orgueilleux* me hantaient, et cette idée de dénuement qui serait la condition du bonheur.

5 *< Est-ce qu'il faut renoncer à tout pour être heureux ?* demandais-je à Françoise. *Est-ce qu'il faut mener une vie de moine ? Je ne suis pas sûr d'en avoir vraiment envie ! J'ai 16 ans, la vie devant moi, comme tu me l'as dit, et j'ai peur de ne pas en avoir le courage. J'étais plus heureux avant d'avoir pris* 10 *conscience du monde dans lequel on vit. Mais le bonheur doit-il être le but ? Je ne veux pas mener la même vie que mes parents, accumuler des objets qui ne servent à rien, vivre pour acheter, pour posséder, pour montrer aux autres ce qu'on possède ! Je ne sais plus trop ce que je veux. Des fois, j'envie ma sœur qui a* 15 *l'air si bien, avec ses copines débiles, ses magazines débiles, ses séries débiles à la télé, son armoire pleine de fringues débiles et sa collection de sonneries débiles sur son portable débile. J'ai honte pour elle mais en même temps, elle a l'air heureuse alors que moi... >*

20 Les vibrations de mon portable m'ont interrompu au milieu de la phrase. C'était un SMS, et mon cœur a fait un bond quand je l'ai lu.

< Samedi : grande opération à Paris. La presse est au courant, il faut frapper fort. On a besoin de tout le monde. Rdv 14 h au 25 *point accueil de la gare de Lille-Europe.*

Je compte sur toi. CHARLY. >

---

3 **hanter** *ici :* occuper l'esprit de qn – 7 **un moine** Mönch – 16 **une armoire** (Kleider)schrank – 17 **une sonnerie** *ici :* le bruit du téléphone qui sonne – 24 **Rdv** un rendez-vous

J'ai inventé un mensonge si gros qu'il est passé comme une lettre à la Poste et à 13 h 30 le samedi suivant, je piétinais d'impatience dans la gare Lille-Europe.

J'avais tout imaginé, fait le tour des scénarios possibles.
5 J'avais fantasmé l'arrivée de Charly se jetant dans mes bras en me disant combien je lui avais manqué. Plus raisonnablement, j'avais ensuite mis mentalement en scène des retrouvailles hésitantes, tendues et émouvantes durant lesquelles il nous aurait fallu dix bonnes minutes pour nous jeter l'un sur l'autre
10 et nous embrasser à pleine bouche. Je nous avais rêvés ensuite dans le TGV lancé à pleine vitesse vers la capitale, assis l'un contre l'autre, ne pouvant détacher nos lèvres tant le désir nous habiterait, ne pouvant nous empêcher de nous caresser mutuellement malgré la présence des autres passagers du
15 train. J'avais même, dois-je l'avouer, imaginé que nous finirions par nous cacher dans les toilettes pour faire fiévreusement l'amour.

Dans ces scènes j'étais beau et grand et spirituel. Irrésistible. Après tout, c'était elle qui avait repris contact ! Elle qui m'avait
20 envoyé un SMS ! Irrésistible…

Charly n'est pas arrivée seule, à 13 h 55. Son père était là, qui m'a chaleureusement serré la main, mais aussi des amis que je ne connaissais pas : deux filles d'une vingtaine d'années, une femme qui avait environ la quarantaine et un grand blond aux
25 yeux verts.

Charly m'a fait la bise. Revoir ses yeux venaient de me plonger dans un état de transe que j'avais bien du mal à cacher. Elle était encore plus belle que dans mes souvenirs qui ne dataient pourtant que de quelques semaines. Elle rayonnait de vivacité,

---

1 **un mensonge** → mentir – 5 **fantasmer** s'imaginer des choses extraordinaires, rêver – 6 **raisonnablement** de façon plus sérieuse, plus réaliste – 8 **émouvant** qui crée une émotion très forte – 14 **mutuellement** gegenseitig – 16 **fiévreusement** avec passion – 18 **spirituel** qui a plein d'esprit (geistreich) – 18 **irrésistible** charmant, à qui l'on ne peut pas dire non – 22 **chaleureusement** herzlich – 23 **une vingtaine** environ vingt – 29 **rayonner** strahlen – 29 **la vivacité** caractéristique de qn qui est plein de vie, d'énergie

d'intelligence, de générosité. En une fraction de seconde, je me suis souvenu des paroles de mon grand-père quand il m'avait raconté sa rencontre avec celle qui allait devenir sa femme et ma grand-mère inconnue, et je me suis vu, vieillard, narrant

5 l'instant présent à l'un des mes petits-enfants. Mais je suis revenu sur Terre brutalement quand Charly m'a désigné le grand blond aux yeux verts en me disant :

– Hugo, je te présente David. David : Hugo.

David avait vingt-cinq ans, il était grand, blond et aux yeux

10 verts, mais aussi extrêmement sympathique et séduisant, la voix grave et chaude, la poignée de main franche et honnête. Son regard, surtout, était aussi pénétrant que celui de Charly, ce qui faisait d'eux un couple superbe qui m'a physiquement rendu malade.

15 Je me suis précipité aux toilettes quand nous sommes montés dans le TGV, le ventre parcouru de spasmes si douloureux que j'en ai pleuré.

Une fois soulagé, j'ai rejoint la bande qui s'était enrichie de six nouveaux membres dans le wagon. Charly m'avait

20 gardé une place près d'elle et de David. Ils m'ont expliqué le programme de la journée, les stations de métro dans lesquelles, comme des centaines de militants venus de toute la France, nous allions « casser » les pubs. Ils m'ont aussi parlé de la règle consistant à ne s'attaquer qu'aux affiches et jamais au matériel

25 de la RATP, du fait d'agir à visage découvert malgré les caméras de surveillance pour que le public n'assimile pas notre action à des actes illégaux de violence.

Je faisais mine de les écouter en hochant la tête de temps en temps alors que je ne pensais qu'à mon chagrin, mon

30 humiliation, mon impression, face à ce David qui était assis

---

1 **une générosité** caractéristique d'une personne qui donne beaucoup aux autres –
4 **narrer** raconter – 6 **désigner** montrer – 10 **séduisant** charmant – 11 **honnête**
ehrlich – 12 **pénétrant** *ici :* ≠ idiot – 18 **s'enrichir** s'agrandir – 24 **consister à** être – 25 **la**
RATP Régie Autonome des Transports Parisiens, les transports publics de la ville de
Paris – 28 **faire mine** faire comme si – 28 **hocher la tête** bouger la tête de haut en bas
pour montrer qu'on est d'accord, et de gauche à droite pour montrer qu'on n'est pas
d'accord

tout contre Charly, de n'être qu'un gamin seulement bon à s'exciter devant son ordinateur connecté à des sites pour adultes ou à feuilleter d'une main des magazines sur les pages glacées desquels les femmes étaient offertes et consentantes.

5 Une fois à Paris, tout a été très vite.

Nous avons pris la ligne 4 du métro, et commencé par la station Strasbourg-Saint-Denis. Le père de Charly avait apporté quelques bombes de peintures supplémentaires pour ceux qui n'en avaient pas. Nous sommes intervenus au milieu
10 des usagers du métro sidérés de voir une bande de furieux se mettre à peinturlurer les affiches qui couvraient les murs, à remplacer leurs slogans par des *POLLUTION VISUELLE, PAS DE QUARTIER POUR LES PUBS* et autres *PUB = POLLUTION…*

Après avoir plongé au fond du fond de mon moral dans le
15 train, je me sentais exalté. J'avais besoin de me sentir exalté, d'oublier Charly et David, de me saouler dans l'action, de sortir de moi-même. J'étais le plus excité de tous, poussant des cris de joie à chaque affiche piratée, faisant le double de boulot des autres.
20 Il fallait agir vite, et changer de station le plus souvent possible. Imaginer que partout dans Paris, d'autres casseurs, barbouilleurs, déboulonneurs de pubs étaient en train de faire la même chose que nous me donnait un sentiment de toute puissance. L'action n'était-elle pas la réponse à toutes mes
25 questions ? Agir et cesser enfin de ruminer ?

La suite me revient comme les images d'un film.

Station République. 16 h 10.

Charly me regarde intensément. Le monde se résume à ses yeux bleus.

---

2 **s'exciter** sich aufregen – 3 **feuilleter** tourner les pages d'un livre ou d'un magazine – 4 **glacé** *ici* : du papier lisse qui reflète la lumière – 4 **consentant** qui est d'accord – 10 **un usager** *ici* : une personne qui prend les transports en commun – 10 **sidéré** qui ressent une grande surprise – 12 **visuel** que l'on peut voir – 18 **piraté** changé de façon illégale – 23 **la toute puissance** le sentiment de qn qui est capable de tout, que rien ni personne ne peut arrêter – 25 **ruminer** *ici* : penser tout le temps à la même chose

– Embrasse-moi, Hugo.

Je crois avoir mal entendu.

– Cette fois, c'est moi qui te le demande. Embrasse-moi, Hugo.

5 – Mais David ?

– David ! Quoi, David ?

– Ben je sais pas… David et toi…

– Un sourire agrandit le visage de Charly.

David est mon cousin, idiot ! Embrasse-moi… Vite !

10 Je tremble et j'ai du mal à respirer. J'avance mon visage vers le sien et je l'embrasse. Je pose seulement mes lèvres sur les siennes et c'est elle qui se rapproche et glisse sa langue dans ma bouche. C'est notre premier baiser. L'autre, si maladroitement volé, ne compte pas. C'est mon premier baiser. Le premier de
15 ma vie, malgré ceux donnés avant, dans un autre monde. Je pourrais passer ma vie dans ce couloir de métro à ne respirer qu'à travers le souffle de Charly, à me nourrir de sa chaleur, à m'abreuver de sa salive. Je pourrais mourir ainsi, ici.

Nos bouches se séparent.

20 – C'est un pacte qu'on passe aujourd'hui, murmure Charly, son haleine caressant ma peau. Ne change pas. Promets-moi de ne jamais changer, de ne jamais baisser les bras.

– Juré, Charly.

– Pas de concession, Hugo, pas de capitulation.

25 Jamais. Le monde est à nous. Notre vie nous appartient. On n'a pas le droit de changer, pas le droit de se résigner, pas le droit de vieillir. Ses yeux sont brillants et sa bouche encore entrouverte. Je brûle de l'embrasser encore mais quelqu'un donne le signal et nous déboulons sur les quais.

30 Je suis incandescent. Je vole. Je sais intensément que je ne trahirai pas le pacte que je viens de passer avec Charly. Un

---

13 **un baiser** quand deux personnes s'embrassent sur la bouche – 16 **un couloir** un corridor – 18 **abreuver** boire – 18 **la salive** Speichel – 21 **l'haleine** f Atem – 24 **une concession** un compromis – 27 **brillant** glänzend – 28 **entrouvert** qui n'est qu'un petit peu ouvert – 29 **débouler** *fam* arriver très vite

pacte d'amour et de vigilance. Mes convictions ne seront jamais de vieux posters oubliés dans ma chambre d'ado. En le jurant à Charly je me le suis juré à moi-même.

5 J'efface une pub Nokia, une affiche pour les galeries La Fayette, puis, sur un distributeur de boissons aux armes de Vittel, j'écris rageusement NO LOGO ! C'est une erreur : en dégradant du matériel, je peux être poursuivi en justice.

L'un de nous, je ne sais lequel, crie « Les keufs ! »

Je termine le distributeur et j'entends des bruits de bottes.
10 Trois flics en uniforme jaillissent en courant sur le quai.

– Hugo, casse-toi ! crie Charly.

Je laisse tomber ma bombe de peinture et je me mets à courir. J'aperçois Charly qui disparaît déjà dans les couloirs au fond de la station. Les flics ne sont pas loin et m'ordonnent
15 de m'arrêter. J'allonge mes foulées et pique à droite dans un couloir. Je monte un escalier trois marches par trois. Je tourne à gauche et prend un escalator à contre-sens. Des gens crient. Arrivé en haut, je prends à droite dans un couloir. Les pas de courses sont toujours à mes basques. Je me retourne. L'un des
20 flics n'est pas loin. Je glisse et je tombe. Le flic est sur moi et me donner un coup de pied dans le flanc droit.

– Enculé ! je crie de douleur.

Un deuxième coup de rangers me coupe le souffle.

C'est mon père, le lendemain matin, qui est venu me sortir
25 de la cellule de dégrisement, comme les flics appellent la cage dans laquelle ils m'ont gardé jusque-là. Je suis sûr qu'il a attendu le matin pour que ça me serve de leçon. Il peut toujours se brosser.

---

1 **la vigilance** le fait de faire attention – 5 **les armes** *fpl ici :* la marque – 6 **rageusement** avec colère – 7 **dégrader** casser – 8 **un keuf** *verlan fam* un policier – 10 **jaillir** *ici :* arriver très vite – 15 **une foulée** Tritt – 17 **un escalator** un escalier mécanique – 19 **être aux basques de qn** *fam* suivre qn – 22 **un enculé** *vulg* un sale type – 25 **une cellule de dégrisement** pièce dans laquelle la police laisse une personne agressive ou ivre (betrunken) pour qu'elle se calme – 27 **pouvoir se brosser** *fam* attendre longtemps qc qui n'arrivera jamais

Il n'a pas dit un mot de tout le trajet en voiture entre Paris et Bondues. Juste une phrase, d'une voix excédée, en arrivant devant la maison, en allusion au cambriolage :

– Merci, Hugo. On n'avait vraiment pas besoin de ça en plus !

5 La grande explication n'est venue qu'après le petit déjeuner, il y a deux heures.

Mon père, ma mère et moi dans la cuisine. Ils ont essayé de se la jouer tolérants, calmes, compréhensifs. Je voyais qu'ils étaient fous de rage, et sans doute aussi d'inquiétude. On a 10 parlé de mon renvoi du collège, de mon blog dont ils avaient pris connaissance, des bombes de peintures cachées dans ma chambre.

– Qu'est-ce qui t'arrive ? m'a demandé ma mère. Qu'est-ce qui se passe, Hugo ? Tu n'es pas heureux ? On fait tout ce qu'on 15 peut, ton père et moi, tu sais ?

Je le savais.

– C'est pas moi qui vais mal, j'ai dit. C'est le monde.

En prononçant ces mots, je savais qu'ils n'étaient pas les bons, qu'ils étaient grandiloquents, presque ridicules.

20 Mon père a soupiré.

– Nous aussi, à ton âge, on voulait refaire le monde, Hugo ! a-t-il dit d'un ton compréhensif qui m'a aussitôt exaspéré. Un jour, tu comprendras que…

– Non ! j'ai gueulé. Jamais ! Je ne serai jamais comme vous !

25 J'aurais aimé ne pas m'énerver, me comporter en adulte. Trouver les mots et expliquer mon point de vue, mes convictions, avec calme et justesse, d'une voix grave et assurée. Mais j'ai commencé à bégayer, à bafouiller, à être grossier et injuste. J'avais envie de pleurer de rage de me sentir impuissant 30 et prisonnier dans ce monde aux mains des adultes.

---

2 **excédé** très énervé – 8 **compréhensif** qui peut comprendre les raisons pour lesquelles qn fait qc – 9 **être fou de rage** être très en colère – 19 **grandiloquent** schwülstig – 24 **gueuler** *fam* crier – 28 **bégayer** stottern – 28 **grossier** vulgaire – 29 **impuissant** qui ne peut rien faire contre ce qui lui arrive

Alors mon père, avec ce savant dosage d'inquiétude, d'exaspération, de défi, de mépris, de déception et d'amour, m'a demandé :

– Mais alors, qu'est-ce que tu vas devenir, Hugo ? Qu'est-ce
5 qu'on va faire de toi ? Dis-moi, je t'écoute ! Qu'est-ce que tu
veux faire dans ta vie ?

---

1 **un savant dosage** etwas wohl dosiert

L'eau est redevenue froide. Il va bientôt être l'heure de sortir de la salle de bains, de mettre la table, de déjeuner avec mes parents et ma sœur comme n'importe quel dimanche. Mais non, pas comme n'importe quel dimanche ! Il n'y aura plus de dimanche
5 *comme les autres, pour moi. Ou alors seulement en apparence.*

Charly m'a laissé un message pour savoir si tout allait bien. Je n'ai eu le temps que de lui envoyer un SMS :

< Mal aux côtes, mais sinon, tout va bien. T'appelle dès que je peux. Pas de capitulation, juré.
10 Je t'aime. Hugo. >

J'ai enfin trouvé quoi répondre à mon père.

J'aurais pu lui dire que dans ma vie, je voulais marcher sur la Lune, faire l'amour tous les jours, être une star adulée par les filles, faire le tour du monde en bateau, découvrir le vaccin
15 *contre tous les cancers, avoir le sens de la répartie, avoir le courage d'être un père...*

Mais la vraie réponse est à la fois plus simple et plus compliquée : plus tard, dans ma vie, je veux être un homme libre.

13 **adulé** adoré

Mikaël Ollivier

Biographie

C'est à l'âge quinze ans, dans la salle obscure de son ciné-club favori, que tout se joue pour Mikaël Ollivier. C'est la fin d'un cycle Alfred Hitchcock, et quand les lumières se rallument après la projection du dernier film, il se dit que c'est « ça » qu'il veut faire plus tard. « Ça » quoi ? Il n'en sait rien encore. D'abord cinéphile passionné, il devient un lecteur boulimique et, à vingt-cinq ans, décide de tout arrêter pour se lancer dans l'écriture. Auteur de romans pour la jeunesse et pour les adultes, de nouvelles, de scénarios pour la télévision et le cinéma, de polars et de récits intimistes ou futuristes, plus qu'écrivain, Mikaël Ollivier se sent raconteur d'histoires, le « ça » de son adolescence.

voir aussi :
http://www.mikaelollivier.com

Bibliographie

Littérature jeunesse

Celui qui n'aimait pas lire, éd. La Martinière jeunesse (coll. Confessions), 2004

Aux Éditions Thierry Magnier

Sur un arbre perché (coll. Petite Poche), 2010
Tsunami (Coll. Petite Poche), 2009
*L'Alibi (coll Roman), 2008
Frères de sang (coll. Roman), 2006 (Prix de Sucy 2007 ; Prix Encre Noire 2006 à Caen ; Prix Roman Jeune 2004 à Laval ; Prix Fiction Noire 2004 ; Prix Romanphile 2004 ; Prix des collèges du Territoire de Belfort 2004 – Porté à l'écran en 2009)
Hier encore, mon père était mort (coll. Roman), 2006
Le Grand Mystère (coll. Petite Poche), 2006
Jack est là (Coll. Petite Poche), 2005
Sous le même signe (coll. Roman), 2005 (Prix Croques Livres 2007)
E-den (coll. Roman), avec Raymond Clarinard, 2004 (Prix de la NRP 2004 ; Prix du Festival du livre de jeunesse de Cherbourg-Octeville 2005 ; Prix Sésame 2005 ; Prix Livre d'Or des jeunes lecteurs valenciennois ; Prix du printemps des lecteurs 2005 à Narbonne ; Prix Dunois 2005 ; Prix François Rabelais 2005 ; Prix L'Été du livre à Metz 2005 ; Prix des lecteurs de Sablé-sur-Sarthe 2006 ; Prix des collégiens de la Beauvaisie 2007)
Peau de lapin (coll. Petite Poche), 2004
T'es un grand garçon maintenant (coll. Petite Poche), 2003
*Mange tes pâtes ! (coll. Petite Poche), 2003
Star-crossed lovers (coll. Roman), 2003 (Prix du Roman miroir 2003 ; Prix J'ai lu J'élis 2004 ; Prix de la ville de Bruxelles 2004 ; Prix Farniente 2005)

Vivement jeudi ! (coll. Petite Poche), 2002 (Prix Le Livre élu en Livradois-Forez 2004)

Tu sais quoi ? (coll. Roman), 2002 (Prix Festilivres 2003 ; Prix du festival du livre de jeunesse de Cherbourg-Octeville 2003)

La Vie, en gros (coll. Roman), 2001 (dix-sept prix littéraires, dont le Prix des Incorruptibles 2002 – Porté à l'écran)

Premier de la classe (album, avec Martin Veyron), 2001

Papa est à la maison (coll. Roman), 2000 (Prix de l'Estérel 2001)

Littérature adulte

La promesse du feu, éd. Albin Michel, 2009

Bruce Frederick Springsteen, avec Hugues Barrière, Le Castor Astral Éditeur, 2007 (édition réactualisée)

Noces de glace, éd. Albin Michel, 2006

Maldonne, éd. Albin Michel, 2006 (Prix Handi-Livres 2006 – Porté à l'écran)

L'Inhumaine Nuit des nuits, éd. Albin Michel, 2004 (Prix Polar derrière les murs, 2006)

La fièvre bâtisseuse, éd. Thierry Magnier, 2003

Trois souris aveugles, éd. Albin Michel, 2002 (Prix Polar – Porté à l'écran sous le titre *Une souris verte*)

*Les titres marqués d'une étoile sont également parus aux Éditions Klett.

Liste des abréviations

≠	antonyme de
→	mot de la même famille
°	h aspiré (pas de liaison : *le* / *la* devant un substantif, *je* devant un verbe)
Abk	Abkürzung
arg	argot
etw	etwas
f	féminin
fam	familier
fig	figuré
fpl	féminin pluriel
jdm	jemandem
jdn	jemanden
jds	jemandes
m	masculin
mpl	masculin pluriel
qc	quelque chose
qn	quelqu'un
vulg	vulgaire